卓越HR是如何炼成的

300条必读准则

华嗣咨询◎著

中国商业出版社

图书在版编目（CIP）数据

卓越HR是如何炼成的：300条必读准则 / 华嗣咨询
著. -- 北京：中国商业出版社，2022.1
ISBN 978-7-5208-2010-3

Ⅰ.①卓… Ⅱ.①华… Ⅲ.①人力资源管理—基本知
识 Ⅳ.①F243

中国版本图书馆CIP数据核字(2021)第262009号

责任编辑：包晓嫱　佟 彤

中国商业出版社出版发行

（www.zgsycb.com　100053　北京广安门内报国寺1号）

总编室：010-63180647　　编辑室：010-83118925

发行部：010-83120835/8286

新华书店经销

香河县宏润印刷有限公司印刷

＊

710毫米×1000毫米　16开　18印张　230千字

2022年1月第1版　2022年1月第1次印刷

定价：88.00元

＊＊＊＊

（如有印装质量问题可更换）

受华嗣咨询邀请，我有幸成为本书的撰稿人之一，由于应邀写本书的前言，我比大家早一步阅读了本书的初稿。我想说这本书的出版令人欣喜！

本书从写作到完成凝聚了近 300 位来自不同行业的资深 HR 的力量，体现了"众人拾柴火焰高"的团队合作精神。华嗣咨询能够有这样一个规划并且能够动员这么多资深 HR 人士共同参与进来，是一件非常了不起的事情！

当我被邀请用 200 字左右描述一下对 HR 工作的看法时，我想到了 Elevator Speech。如何言简意赅地把 20 年 HR 工作的心得用 200 字表达出来，是一件看似简单实则并不容易的事情。由此，我佩服所有为本书撰稿的同行，因为大家都做到了！

虽然没有任何一家公司的 HR 体系和经验可以直接运用于另一家公司——不同的行业、不同的发展路径、不同的公司发展阶段、不同的外部环境和内部需求，决定了 HR 所面临的挑战和机遇完全不同——但我们也要说，"他山之石，可以攻玉"。当我阅读每一段文字时，似乎都是在跟一位资深 HR 聊天，聆听他们想跟我分享的最具启发性的从业经验和感悟，这何尝不是一件幸事！我深怀感激！深表感谢！

本书所分享的有关 HR 从业经验和方法，全面又各不相同，有的分享比较务实，有的比较务虚；有战略层面的心得，也有实操方面的经验；有对价值观的肯定，也有对方法论的剖析；有对过往的总结，也有对未来的期盼。因此，不管是不是 HR 人员，相信都能在本书中取得各自所需的"真经"。

虽然不能说凭一叶而知秋，但透过简短的文字，书中各 HR 同行所经历过的种种"痛点"和攻克"痛点"的种种突破方法都让我有或似曾相识或豁然开朗之感，引起了我的共鸣，让我通过文字，似乎和作者产生了一种惺惺相惜的呼应和慰藉之情。这样的阅读感受让我感觉自己在 HR 的从业道路上并不孤单，书中诸多的老师都给予了我足够的力量，让我能更有信心地勇敢前行。

这本书带给我们的是速读泛读的收获，在此表示感谢的同时，我也在想如果有机会能跟作者们就某些话题做深入的探讨，那将是非常值得期待的一件事情。华嗣咨询如果能搭起更多更大的平台让 HR 同行们进行更广泛更深入的交流和分享，对华嗣是一种成就，对我们是一大幸事。让我们共同期待！

目录
Contents

| 第二章 |　　HR的角色和定位管理

|第三章| 招聘管理

|第四章| 培训管理

|第五章| 人才管理

| 第六章 | 绩效管理

| 第七章 |　　员工关系管理

| 第八章 | 业务管理

| 第十一章 |　　企业文化管理

| 第十二章 | HR 的自我管理

| 第十三章 | HR的职业发展管理

第一章

HR的认知管理

001
什么是专业的人力资源

梁卉茵
立邦涂料（中国）有限公司　前人力规划总监

专业的人力资源致力于实现企业愿景以及能够与业务同频。现实中，大部分专业领域从业者都希望成为该领域受尊重的专业人士，在成为专业人士的路上学习、运用各种传统或创新的理论，期望借用成功的经验打造相同的成功。这样真的足够专业了吗？接触过一些大的公司之后，不难发现两个共同点：其一，它们成功的路径并不一样，没有谁复制谁；其二，它们都是通过客户的成功获得自身的成功。

因此，对于人力资源从业者最大的启发是，首先，并没有一家公司的人力资源体系可以直接应用于另一家公司，理论和经验不可复制；其次，只有内部客户获得成功，HR才算成功。因此，只有充分理解业务需求，找到业务"痛点"，结合HR理论和经验开放地创造符合企业自身文化的人力资源才可以与业务同频，实现共赢，这样才是专业的人力资源。

002
做名副其实的人力资源业务好伙伴

Queen He
梦田服装（上海）有限公司　大中华区人力资源副总裁

传统的 HR 习惯于听从公司老板、业务部门负责人的指令并全力以赴提供服务与支持。

我认为现在的人力资源不仅仅要做好人力资源每个环节的策划与执行工作，更应该熟知品牌业务，运营流程，匹配合适的组织架构，发展人才并营造充满正能量的企业文化，不断赋能组织以促进业务可持续发展。市场变化多端，在 VUCA 时代，HR 需要打破传统思维，敢于尝试创新的方法，积极主动走进业务，深入了解业务模式与各阶段的挑战与"痛点"，把人才选拔、培养、留用发挥到最佳效果以满足业务的实际需求。另外，对企业中高层领导力的影响与培养也尤其重要。因为我深知："Leader ship choice determine the talent，leader ship behavior determine the culture"（领导选择决定人才，领导行为决定文化）。

003
做人力资源里最懂业务的HRBP（人力资源业务合作伙伴）

曹斌

传化智联股份有限公司　人力资源总监

当今世界正经历百年未有之大变局，新冠肺炎疫情的全球蔓延使这个大变局加速变化。随着全球企业发展的需要，企业对人力资源部门职能进一步深化改革，HR在企业的发展中将起到越来越重要的作用，其日常的工作职能将更多地聚焦于顾问、咨询和实施业务部门发起的特别计划或方案，实现自身价值的提升。

第一，要把企业的人力资源管理政策体系、制度规范在各业务单元推行落实，协助业务单元完善人力资源管理工作，并培养和发展业务单元各级干部的人力资源管理能力。

第二，要做好HRBP（人力资源业务合作伙伴），需要切实针对业务部门的战略要求，提供独特的解决方案，将人力资源和其自身的价值真正内嵌到各业务单元的价值模块中，真正发挥和实现HRBP的重要作用。

第三，一定要去业务单元两个及以上的业务岗位轮岗，只有在业务岗位实战过，才能用业务的语言来阐述HR管理的问题。

第四，要专注于人力资源专业领域的知识和业务单元的业务学习，如此，HRBP才能与人力资源共享中心、人力资源专家中心共同组成现代人力资源管理的"三驾马车"，成为人力资源里最懂业务的HR，助力现代企业乘风破浪！

004
人力资源部要成为业务部门的战略伙伴

黄丽红
浩云科技　人力资源副总监

人力资源部要脚踏实地做好战略落地的工作，即依据公司核心理念体系，将公司建立和完善人力资源管理各大模块工作落实，包括人力资源规划、招聘录用、培训开发、绩效管理、薪酬福利管理、人事管理等。

人力资源部还要有成长思维，做到仰望天空，即持续、系统学习并站在老板的高度，用他们的眼光看企业的未来。正确定位人才队伍建设、内部机制构建和优化、企业文化和组织氛围的培育等；了解业务部门需求，支撑业务成功、驱动业务成功，从而成为业务部门的战略伙伴。

005
越感到焦虑，越要沉下心来做事

田雨润
上海均瑶科创信息技术有限公司　人力资源总监

2020年突如其来的新冠肺炎疫情，让许多企业和员工措手不及。很多企业为了自身发展不得不裁员，部分员工重新择业。

现实就是这样，不管你有没有计划好，该发生的都已经发生了。这时候我们需要定下心来做内功，做好自己力所能及的事，积极应对并耐心等待。

越是在焦虑的时候，越要沉下心来做事。面对生活和工作的焦虑，我们需要这种不慌不忙的淡定。

006
写给即将入行或入行不久的人力资源同人

Raymond
德迅物流　人力资源总监

我们所面对的外在环境在改变，作为组织中的一员也少不了一次次地蜕变去适应社会和组织的需要，内在驱动力是让我们保持有效竞争力的核心，从个体角度看，保持开放的心态，不断拓展人脉和关系，更加主动地去做任何事情，灵活地处理各项工作和人际关系，有一颗坦率和勇敢的心去挑战自我，关注结果并有效达成。从一个组织需要的角度看，打破既定的边界，走出自己的舒适区，像一块"狗皮膏药"一样，把我们贴到哪里，哪里就见效，是在这个变化浪潮中作为人力资源从业者需要注意的。无论是人才引进、发展、培养，还是薪酬福利体系，抑或是绩效管理等，各个人力资源模块背后所面对的终极对象都是人，去做人的工作，做好人的工作，并不断提升自己的综合能力，与人共舞。做事情本身就是在做人，因此要让自己保持好的心态，乐享其中。

007
HR的使命

丁彪

思路迪　人力资源副总裁

促进公司与员工的共同发展，共享发展成果是 HR 的使命。

首先，这是公司提倡并践行的理念。我们所看到的具有鲜活生命力的公司几乎都提倡这个理念。HR 的挑战之一就是如何从案例、逻辑、时代发展等不同角度去阐释，在公司内部赢得所有人的认同，并影响公司各级管理者始终坚守并践行。

其次，不仅要相信认可，还要去宣扬，深入人心。我们要在公司内部对所有人讲，光明正大地广而告之，在很多场合下都要宣扬，而且要善于总结归纳故事，以故事的形式去深入人心。在面试吸引人才时要讲，在公司员工大会上要讲，在年会上要讲，等等。

最后，要正确解读何为共同发展，共享成果，并在日常管理行为中践行。晋升表彰需要考虑如何体现，转岗劝退等也是体现，在这些具体业务操作中要保持理念一致。

008
顺势而变，守文持正

兰卉
裸心泊　人力资源总监

新一代的人力资源从业者不难发现新生代的员工和管理层有新的想法和需求，随即为之改变的应该是人力资源管理制度和模式，一成不变的管理模式必定会使其与新一代员工的需求和价值观相背离，人力资源管理制度应该在时代更新的浪潮中发展，顺应需求调整方向。人力资源管理者应该一直维护一个公平公正的工作环境，确保员工根据贡献和能力获得平等的晋升机会，在各种利益驱使面前及面对敏感人事时，如员工歧视或骚扰等，即使与当权负责人产生意见或处理决定分歧，也应该守住底线，做正确的事。

009
不确定性时代下，人力资源工作的基本逻辑

王晓玲
上海齐程网络科技有限公司　人力资源总监

佛家凡事讲因果，我们新一代的管理者讲逻辑。这是我想说的第一点，运用逻辑思考的本质，是要解决用最短的路径实现最优解的问题。

通过多年工作场的摸爬滚打，我总结出：人力资源工作的基本逻辑是基于战略发展动态跟随和管理服务之间的尺度拿捏。从企业战略来看，是以未来决定现在，管理上的安排不是简单的选择题，但未来存在着巨大的不确定性。基于管理现状，人力资源的确定性就非常重要，如何满足需求动态的持续平衡，体现在组织的柔性、人力资源工作安排的柔性上。所以，我要在最优解后面加一条"最合理"。

我想说的第二点，是如何达成最合理的最优解。这需要人力资源与战略发展主导者与其他管理者高度协同，运用人力资源擅长的工具去激发人的意愿、智慧以及潜能，再通过有效的方法连接组织与个人，这样的能量是巨大的，组织才能成功，无往不利。

010
人力资源从业者的重要作用

张秋香
劳氏船级社北亚区　人力资源副总裁

优秀的人力资源从业者是企业的润滑剂、黏合剂、增效剂，起着润物细无声的重要作用。

第一，为人正直善良，"三观"正，这是根本。洞察人性，懂世故而不世故。通过制度激发人性中美好的一面。个人尽力发挥做好事的潜能，把碰到的事情做好，做极致。

第二，仅用金钱等物质刺激，不能持续调动人的积极性和创造性，要尽力帮助企业满足全体员工物质和精神两方面的需求。

011
让人力资源成为业务战略伙伴

Martin Jiao

深圳科士达科技股份有限公司　人力资源副总监

世界进入了 VUCA（易变性、不确定性、复杂性、模糊性）时代，人力资源也需由外及内地思考人力资源管理工作，以远见应对易变性，以理解应对不确定性，以不断澄清应对复杂性，以敏捷性应对模糊性。

人力资源通过战略思维工具（如 BLM 业务领先模型）进行市场洞察，对外能够敏锐感知外部环境（PEST）的变化，对不确定性进行界定和预测，未雨绸缪；对内能够根据整体战略意图牵引出对组织、人才、激励、氛围的诉求，并明确相关定性、定量诊断指标，识别差距，分析原因，设计实施专业解决方案，保障战略的落地执行。这要求人力资源作为核心成员全程参与到企业的战略规划过程中去，引导战略执行。

在业务战略执行过程中，人力资源通过年度业务计划（Business Plan），理解年度业务运营的目标、重点工作及年度全预算（人、财、物），通过专业高效的人力资源组织运营能力，构建高效的人才供应链机制，供应业务目标达成所需的充满活力的人才。

总之，人力资源要坚持"以客户为中心，以责任结果为导向"的思维，以行践言，真正成为业务战略伙伴。

012
转变思维方式，视野就会不同

杨柳

骏地设计　首席组织发展官

在这个信息爆炸的时代，思维决定信息运用，同时信息也产生着巨大的反作用，因此要不断升级思维方式以适应这个时代，人力资源管理亦是如此。

如今的人力资源管理已经升级为比货币资本更为重要的人力资本管理，企业必将用投资的概念把人力资源投入企业的商业模式中，与其他的交换要素发生反应，从而挖掘更大的价值，人力资源管理者就需要站在企业的高度思考如何让资本投入实现最大化回报。从企业投资的视角看问题，自然就会具备运营思维和财务思维，人力资源工作实践也会系统性地围绕战略和业务而展开，从而打开数字化的大门，进入新时代。

013
让人力资源成为组织的一部分

谭孝东

上海威斯特姆信息科技有限公司　总经理

现在的人力资源管理大多游离于组织之外，我们要做的就是把人力资源揉碎、打散，融入组织，成为组织的一部分，保持组织的活性和创新能力。如何做？一是抓住人力资源核心业务。二是专业平台做辅助业务，如人力资源共享服务中心外包，或者自己开发平台做人力业务拓展，一个新的模式，一个新的平台，不光服务本企业，也服务外部企业。三是组织中的"政委"。对人力资源业务合作伙伴的要求非常高，不是一般企业上的伙伴，而是了解企业业务和运作模式的真正的伙伴，每一个业务伙伴都能独当一面，在业务领域具有发言权，而不是旁听者和传声筒。

什么叫人力资源的专业度？我的理解就是对企业业务非常了解，达到专业水平，比如一个集团公司下属的一个事业部的业务伙伴，你要了解该事业部核心技术和关键业务单元，梳理出事业部核心的运作模式，了解技术的来源和未来开发方向，了解业务的市场规模和市场对公司产品的反映，了解我们的客户及我们的竞争对手，既能将事业部内部工作做精细管理，又能对事业部外部做战略布局，能够为一个业务单元的发展决策做出理性判断和目标业务的支持。

组织的关键节点就是问题点，所有的问题梳理后都会有层级，按照层级来确定节点的重要性和在组织中的关键性，比如一个企业亏损主要原因是销售问题，没有市场，销售就是一个节点，围绕这个节点分析问题原因和解决方案。谁来主导这个问题的节点呢？当然不能是销售部门，因为销售部门本身无法真正发现自身的问题，谁来主导呢？人力资源！作为组织内部的第三方来主导这个问题节点，组织销售、生产、财务、采购、技术等所有相关的环节节点参与，从本质上发现问题节点的根源和解决方案，这样才能一个节点一个节点地梳理和改变，若大的节点问题得到解决，组织也就健康了。

014
从事人力资源要有营运的思维概念

江昆霖
85度C津味实业（上海）有限公司　人力资源副总

许多HR朋友，总是思考如何在企业中做好工作，人事行政、人力资源及人力资源策略伙伴往往忽略一件最根本的事情——人力资源基本功。具备大局观固然重要，但在基本环节上，经常小错不断，其实也很难让人信任，更谈不上所提的任何建议，所以只有高品质的成果，才能得到一定的认同。

把人力资源当作营运来运作，有科学的数据佐证、通畅的沟通能力、描述事情的说服力、事前预测与规划、事后复盘与调整，不断精益求精，让你在人力资源的领域中与众不同。

015
HR如何定位自己

Kelly Zhang
珀金斯伊士曼建筑设计咨询（上海）有限公司　人力资源总监

我从HR基层做到人力资源总监，经常问自己一个问题，HR部门到底是一个行政服务部门（Supporting function），还是人员管理部门（management function）？只有将这个定位好了，才有利于你在公司的生存。我在两个不同的公司有不同的定位，如果你是在一个员工平均受教育程度不太高的公司里，HR的管理职能要大于支持职能。在一个人才济济的公司里，你若试图以各种规章制度来管理这些人，极有可能会挫伤他们的创造力或留不住高端人才，这时，HR更多应该是个职能部门，是个能为员工提供温暖、无忧工作环境的部门。

016
VUCA时代，如何发挥HR的更大作用

李文秀
浙江我武生物科技股份有限公司　人力资源经理

在VUCA时代，HR的应变能力需随之上升，现在的人力资源需要站在业务的前端思考组织设计、团队赋能问题。如何让人力资源在组织中发挥更大的作用，我认为HR需要做到以下几点。

第一，理解企业战略目标及完成这些战略目标需要的优秀人才，如何"繁衍"（招聘或培育）优秀人才来促进战略达成，这皆需站在总经理角度思考，才能放大做事格局。

第二，HR需做好文化的传播，并推动文化落地，如此方可开垦出可以培育优秀人才的土壤，就如《亮剑》中所说，"一支具有优良传统的部队，往往具有培养英雄的土壤"。

第三，HR自身本领要过硬，不仅仅要懂得基本业务知识，也要懂得财务基本知识，还需具备经营者思维。

017
人力资源工作的价值与决心

张其恩
产业地产十强鑫创科技　人力资源部总经理

我曾立志前线打拼，却阴差阳错从事后勤人力资源工作，经历了地产行业从粗放单一到精细多元，见证了人力资源工作在企业经营中价值的与日俱增，同时也看到了不少人力资源前辈成为业界翘楚，更坚定了自己在这个领域发挥价值的决心。

人力资源工作门槛看似不高，但做好实属不易。从人才引入开始，不仅要有多快好省的平衡，还要匹配业务发展的节奏；到人力开发，不仅要充分发掘每一分聪明才智，还要赢得人心、响应未来；最后组织整合，不仅要提升内部协同、运营效率，还要应对外部环境与竞争。

企业经营本质上是一套算法体系，而人是其中能动性最强，也充满不确定性的部分，如何从人的角度，不断提升算法是人力资源工作者的使命与挑战，恭喜入局，也请躬身入局，我辈携手为中国企业经营贡献一份绵薄之力！

018
人力资源项目规划"优选"原则

王治兵
中新智擎科技有限公司　人力资源总监

我们都知道好的人力资源管理工作的核心目标是要紧贴企业战略目标，要能够用最佳的人力供应来实现业务发展的需求。但是在企业的不同发展阶段，企业发展对人力资源的需求点也有很大不同，比如说在初创期，所需的是最基础的行政支持，成长期与成型期就需要专业的 HR 管理和 HR 体系的建设，成熟期需要人才的领导力发展，等等。不是所有的 HR 团队都有足够的专业能力和团队规模来满足当期企业发展阶段对人力资源管理的需求，那这个时候该怎么办？在资源有限、能力不足的情况下，让 HR 团队价值最大化的工作推进原则是什么？

可以从两个维度进行分析：一个是自身的资源和能力强弱排序；另一个是业务需求的重要性排序，将这两个维度放在二维坐标轴上，就形成了四个象限。HR 团队的工作推进原则就是首先要找到自身的资源能力与业务需求之间契合度最高的工作项目（第二象限）快速推进，用最快的速度和最佳的成果来呈现 HR 团队的专业能力和价值。再向公司争取更多的资源，快速强化自身的专业能力，在上述工作推进的情况下，进一步满足业务需求，并且持续提升 HR 团队实力，形成正向循环，最终让人力资源成为企业战略发展不可或缺的一环。

019
参与中执行，四驱型支持，全面性解决

肖华

永和食品（中国）有限公司　前人力资源总监

人力资源管理应该有很强的执行力，执行公司的战略发展和重大决策，但这种执行不是被动的等待式的执行，而是在公司确定战略发展方向和重大决策时就参与其中，提出专业建议和解决方案，这样，在后续执行时才能有效执行，执行落地。

人力资源部门在公司的经营发展中往往被认为起着支持、保障和增值作用，是公司经营的"后驱"，但现在的人力资源发展不仅仅是人力资源部门的职能，更是整个公司的重要职能之一，在公司的战略发展中就应该起着"定方向，定速度"的作用，对公司经营发展有"前驱"型支持的作用。所以，人力资源发展对公司应该是全面"四驱型"的支持。

人力资源管理面对许多问题，如果仅是在人力资源范围内解决，用人力资源的方法和技术解决，那仅仅是小巧的"腾挪"之术，效果有限。人力资源管理者只有跳出自我角色的局限，"放弃"人力资源的管理原则，才能发现更好的方法，找出全面的解决方案。

020
我们的工作就像一个整数

Sam Qian

艾沛克斯工具　人力资源总监

计划越周密，数字尾部的 0 就越多，潜在的价值就越大。执行力就像数字开头的最小数 1，即便再小也不可或缺，否则一切为零。我们要做好工作，除了计划周详，以终为始以外，最重要的是确保制订出来的方案能够落到实处。方案落地的必要条件很多，但是参与部门的执行力是最重要的。如何提高执行力看起来比较复杂，实则只要抓住"关心则乱"这一原则即可。我们应当让与工作有关的所有利益相关方都看到自己能从这个项目中得到的益处或者提高。即使当前获得的好处很少，也要让他们看见执行方案会为其带来的中长期收益。只有这样，每个部门才会真正把它当作自己的事情去做，我们的完美计划才能得到完美的贯彻执行，才能落地，为公司整体的进步做出贡献！

021
人力资源管理的艺术与科学

沈静隆
龙牌酱油　人力资源副总裁

人力资源是门科学，现代企业管理基于人这一企业发展必不可少的资源要素的管理，要遵循基本的管理规则与要求，根据企业发展的战略目标和企业发展阶段的要求，遵循企业文化，采取一系列管理举措。人力资源管理者的所有管理工作都是为了建立并配置符合企业战略目标发展需求的人力资源，并更好地提升资源的使用效率。为达成此目标，人才的选用育留都必须围绕这一核心目标而展开。而人力资源的选用育留的业务活动的设计与开展有很多专业技术要求。因此，企业的人力资源人员不仅是个管理角色，也是个专业角色，从这点上看，人力资源管理者就像科学家一样，要严格遵循管理逻辑和专业技术规程。

基于此，一位优秀的人力资源管理者，需要的综合素质远远高于普通的管理者，既需要牢固的专业技术基础，又需要对企业管理有全面系统的理解与认知，善于洞察不同发展阶段、不同企业文化和战略目标驱动下企业对人力资源管理的需求。同时，一位优秀的人力资源管理者会根据业务和管理的需求，判断并做出哪项业务为主导的人力决策，以驱动组织的变革，从而实现内部资源效率的大幅度提升。从这个角度看，人力资源管理者又像艺术家一样，因时、因地、因势做出判断，适时地调整自己在组织生态中的角色扮演与定位。

022
人力资源的"三支柱"和"三板斧"

Hillary Huang

信永资本　人力资源总监

企业主营业务的商业模式、企业所处发展生命周期和"一把手"领导团队风格就是人力资源管理的"三板斧"。一个人工作是梦想，梦想成真就需要团队作战，只有团队协作才能做出战绩进而实现梦想。

人力资源是驱动团队工作的主体，实现企业的战略目标。人力资源管理工作本身可咸可甜，或专业，或笃定，或亲和，总之你是"三板斧"共情的持斧"代盐人"，落斧要快、要实、要效，还要有掌声。你的人力资源就都是 π 型人才，更能多方位、有心、有性地策动团队战略任务。

023
HR管理者应安住于当下，放眼于未来

Tony Wu

字节跳动　全球人力运营官

我坚信中国将成为 HR 管理创新的引领者。人力资源管理创新的驱动力在于产业升级和科技创新，中国在科技领域的创新，必将给 HR 管理理论创

新带来巨大机会。中国 HR 管理价值正经历从人口红利运营到精益运营升级的变革，中国巨大的市场，是 HR 创新的营养；中国企业几十年科学管理的积累是 HR 创新的基石；我们正经历中国深刻变革的时代，应该不遗余力地参与其中。

从外企到民企，从甲方到乙方，多种身份的变化，多元化企业文化的差异，都让我觉得选择其实并不重要。重要的是在当下，时刻让自己成为企业的一分子，努力通过自己的专业为企业创造价值。人力资源的根本是成就他人的同时成就自己！人力资源管理的成功，从来不是人力资源团队的成功，而是你所在组织、所在平台的成功。

024
人力资源如何协同高科技创业公司

李丹慧

晶泰科技　人力资源负责人

一般来讲，高科技创业公司在 A 轮、B 轮阶段的重点是技术突破和创新。人力资源协同业务需要建立较强的人才优势，人才投资要有长远眼光，人才密度要高。

协同的准则有以下几点。第一，"宁缺毋滥"。HR 在这个阶段非常辛苦，公司没有品牌和资金优势，但要有效把控招人标准，不能轻易妥协，不能仅仅为了满足数量目标而招聘。第二，辅导面试官，用"教练"一词更准确。不仅是 HR，面试官也要学会人才吸引，在和大厂人才抢夺中胜出。第三，对于顶尖人才，创始人团队要花费心力和时间。不能拘泥于合作形式，前期可以以顾问形式建立合作关系，慢慢用长期事业和愿景吸引人才加入。创始人也要舍得给期权，不仅给事业空间还要给远期丰厚回报。

025
人力资源工作者=企业业务伙伴

Michael Han
洲际酒店集团大中华区智选假日酒店　人力资源总监

　　人力资源工作者要把自己定位在企业业务伙伴才有价值。那么，如何才能做到呢？首先，要具备一定的业务敏锐度，理解企业与企业所在行业的商业模式，掌握基础的财务与运营知识，如预算、营收、利润、客户满意度等，以及对影响重要商业指标的因素的认识，并将这些信息与你的业务联系起来。其次，掌握基础的分析思维能力，定性分析企业外部人力资源环境的机会与威胁以及企业内部人力资源的优势与劣势，建立符合企业战略要求的人力资源规划与管理机制。再次，能理解所在企业的各职能部门之间和与外部机构之间的相互作用，以及它们如何组合在一起运作、彼此影响，在此基础上有效倡导、推动、践行企业文化。最后，通过组织创新发展、人才培养与规划、考核激励等来提高劳动效能，打造高绩效团队，使人力资源为企业创造价值。

026
横跨不同产业、不同企业性质的人力资源"价值"管理

Annie Yu
仪电集团组织发展部　人力资源副总

作为人力资源管理的从业者，总希望为企业创造更多价值以体现人力资源的专业性和个人的专业管理能力。然而太急功近利地推进人力资源所谓专业管理反而会阻碍工作，影响人力资源管理发挥积极作用。我提出两个想法与大家一起分享。

第一，理论上讲，企业的管理是靠人完成的，所以人力资源管理是企业管理的核心，也是企业文化的重要内容。但是如果人力资源不能很好地融入业务当中，不了解业务发展的"痛点"在哪里、公司战略发展的阻碍点在哪里、需要什么样的人、如何把合适的人放在合适的岗位上等，那么所谓人力资源管理只是纸上谈兵，帮不了公司和业务发展。人力资源价值、人的价值、专业的价值或管理的价值，取决于企业发展需要的价值创造而非单 HR 认为的价值。作为人力资源从业者，有时候很容易通过以往的工作经验来判断一件事情或一个行动的价值，但是"专业"不等同于"价值"。

第二，不同性质、不同规模、不同产业的企业，或许在管理上会有很大的不同，尤其在专业管理方面如财务、风控、生产制造业和贸易类企业管理等。但人力资源管理却有很多共通点，因为人有很多共性，在不同性质的企业里，有时候人力资源的部分工作目标和职责会分成不同块分摊在不同的部门里，如在国企里会在工会、党群部门里，在民企里可能会在董事会或总经理办公室或行政管理部门里，无论主要管理职责在哪里，对人的管理共性是

一样的，关键是匹配企业发展阶段所需，从管理人—激励人—鼓励人—传达公司文化达到公司和个人的共同发展，这是人力资源管理的终极目标。

027
海外收并购中人力资源管理常见问题

崔海浮
新吉奥集团　副总裁＆首席人力资源官

随着国内企业对技术及市场的需求，以及国家的政策和资金鼓励，越来越多的中资企业选择走出国门进行海外收并购。海外收并购中人力资源整合战略及整合问题是企业海外收并购工作的关键。一般应注意以下问题。

一是国际化人才短缺。很多企业在收并购前并没有足够的国际化视野及工作经验，没有懂得海外商务环境和相关法规并且英语流利的人才储备。收并购初期，财务和战略运营管控可以借助外包力量，如通过咨询机构搭建财务体系，将两家企业的财务报表完全对接，咨询机构只能帮助前期规划、试运营以及后期咨询，真正落地后需要公司自有人才组成团队承接日常运营工作。缺乏国际化人才的高管团队很容易造成误判等战略性失误。

二是忽视人力资源尽职调查。收并购前企业会雇用法律事务所、会计师事务所等第三方机构开展尽职调查工作。在此过程中，评估方往往对法律、财务、资产情况评估得较为充分，但对于人员及管理情况了解得不够深入而忽视了人力调查，这将增大收并购后的管理及商务风险。人力调查在收并购前期有重要作用，特别是在海外收并购当中。收并购前对企业文化、组织架构、薪酬福利、绩效管理、员工信息及高管合同、工会等进行全面了解。例如，在北美和欧洲收并购时一定要注意对高管的汇报线的改变，充分了解其合同中的特殊条款，以免触发 constructive dismissal（推定解雇，即用人单位刻意通过降职、降薪或改变汇报线等手段为劳动者制造恶劣的工作环境导致劳动者被迫主动辞职）而导致巨额索赔。另外，不能忽视工会的力量。

三是人力资源整合失败。企业在收并购过程中一定要制订详尽的既有战略性又有可操作性的人力资源整合方案。在收并购前期应对高管团队的绩效和稳定性做出充分评估。对于想保留的核心高管，企业通常和被收购企业共同出资设定一个"奖金池"，并制订核心员工的保留计划（Employee Retention Program）。在并后管理和人员整合中，人力资源团队要在制度及人员方面建立起协同机制，给予被收购企业框架性制度指导并允许因为当地法规等出现的差异性。

在人力资源整合过程中如果不了解收购双方在企业文化、管理体制、员工心理及双方领导风格方面的差异性，必将导致核心员工流失，双方团队难以融合造成人员整合失败。

028
HR工作三原则：事为先，人为本，过程为重

王向阳
易见纹语　人力资源总监

所谓事为先，即业务为先。HR 的一切工作要从业务的需求和发展出发。如果只考虑 HR 体系做得系不系统、专不专业，为了专业而专业，脱离了业务，不仅支持不到业务的发展，反而会成为业务发展的累赘。

所谓人为本，即在做事前考虑清楚人的角色、关系、需求，再相应制定出责权、影响触点、策略。解决不好人的问题，做事会事倍功半，人的问题，是一切问题的根本。

所谓过程为重，就是要好的结果，更要好的过程。好的结果，不好的过

程，那只是一次好运气；只有好的结果兼好的过程，才可以扩展复制；即使是不好的结果，但有好的过程，也可以进行有效的复制，达到下一次好的结果。

029
一切从"心"出发——人力资源工作中"术"与"道"的结合

赵晓英
美资基金公司资产管理平台　人力资源总监

很多人力资源工作者追求专业技术的精进，这本无可厚非。然而所有人力资源管理问题的解决，组织和人是核心，作为 HR 工作者，不管是组织还是组织中关键个体人力资源管理问题的解决，都需要先搞清楚问题的根源。

针对个体，一切问题的根源都在于"心"，只有读懂人心，才能有的放矢，运用专业工具有针对性地解决问题。在没弄清问题前，切忌为了体现自己所谓专业价值，一股脑儿将先进的专业技术统统用上，最终使管理资源极度浪费，伴随的还有对人力资源管理工作的误解和排斥，为以后人力资源其他工作的开展平添了障碍。

针对组织，要理解透彻组织的中长期发展战略，进而分解成为实际日常人力资源工作中需要解决的组织问题，然后运用专业技术针对性解决具体问题，并提前做好准备，防患于未然。读懂组织的"心"，前提也需要 HR 理解透业务，能够站在业务层面的角度更深层地理解组织战略对人力资源工作的需求，然后再用相关技术解决组织的问题。一切从"心"出发，谋定而后动，方可体现专业价值。

030
人力资源管理的内涵

杨丽娟
羿尊生物　人力资源总监

人力资源管理是什么？应该是什么？将来是什么？我想以上这三个问题，在我们从事 HR 工作的不同阶段，理解一定是不同的。

我对人力资源管理工作的理解是无论你所处于的企业是什么阶段，HR 都有义务协助企业在其所处的阶段中，确保企业良性地持续发展。

HR 需要透彻理解公司的战略、业务及所处行业的状态。从战略角度及业务不同的发展阶段来制定人力资源管理策略，有效地开展公司"选育用留"的人力资源工作，并随着公司的发展不断地调整策略，使之适应公司发展。

031
人力资源管理理念的变化

杨曼丽
国网信通产业集团（普迅电力）　人力资源高级专家

从人事劳资到人力资源管理，从强调管"事"、对人的控制和物质激励到强调人力资本投资回报率，通过对人力资源的持续投资，推动人的可持续发展，实现员工和企业共同发展与价值最大化。这种转变实质上是人力资源管理理念的变化。

在 VUCA 时代，我们该怎样开展工作呢？

首先，组织体系升级。适应新型组织模式，要具有网络化、扁平化、平台化特征，要更加强调以客户为中心，以互联网为载体，压缩层级、简化流程，由职能驱动向业务驱动转变，由资源封闭向开放共享转变。

其次，人才结构升级。具备驾驭现代企业能力的企业家；业务精、复合型的管理专家；掌握核心技能的专业骨干；技能精湛、技艺独到的蓝领工匠。

最后，动力系统升级。构建多元化的职业发展路径，实现干部职务、岗位等级、职员职级、人才评级多个序列有效衔接；建立导向清晰的绩效管理体系，塑造绩效文化；构建激励有效的薪酬分配机制，形成内有公平、外具竞争力的分配格局。

总之，人力资源要打破"敲边鼓"的困局，贴合业务，提高站位，给企业发展以真正的助推。

032
战略性人力资源是企业战略的关键战略

苏鹄

国祯环保　人力资源总监

战略性人力资源是企业战略的关键。人力资源战略以组织系统、胜任力、薪酬、绩效、激励、人才开发等为基本要素。人力资源战略的成败对业务战略起决定性作用，其中人才资本价值在新兴产业方面超过货币资本价值，所以，人力资源管理根本价值就是帮助企业培养核心人才，让人才价值最大化，培养人才最关键的就是人才挖掘，给人才提供有形价值和无形价值的参照物，把参照物作为人才进步的一面镜子。让人才认同企业的文化，把文化能量转化为业务能量，使企业在不同发展阶段能打仗，打胜仗。在企业打胜仗的同时，让员工价值得以实现。

第二章

HR的角色和定位管理

033
HR是什么角色？

许月秀

某公司　人力资源总监

清楚定位 HR 在企业的角色是开展工作和推动未来持续发展的前提。所以，相应的一系列调整在所难免。坦然接受，积极融入，建立信任，驱动影响，是我这些年企业 HR 工作总结出来的经验，调整心态，把企业对你的需求踏实地做好，哪怕再小的事情，这样你就已经很优秀了。

034
HR的角色转换与专业性

Gina Yan

某国际服装品牌　人力资源总监

HR 要不停地转换角色，我们既是公司的"守门人"，也是公司的推动者。当代 HR 不仅要扮演支持者的角色支持业务发展，更要成为组织的动力引擎，协助组织加速推动业务决策，甚至发现机遇，主动变革，固定、刻板的流程和形式终将阻碍业务变革的步伐。

HR 要展现专业性，还要管理好自己的情绪。可 HR 也是普通员工，也会有两难困境。在职场里我们都会遇见无数美丽的风景，也会经历大风大浪的挑战。途中也许会迷失航行的方向，觉得前方没有光明，没有航标，不必焦虑，世上没有近路，每个到过的地方都会为你积累航行的能量，这些经历终将成就明日的你。

愿你我出行半生，归来眼里仍然有光，心里仍然有梦！共勉之！

035
人力资源的角色定位

张丹霞
玛俪琳（深圳）时尚服饰有限公司　人力资源总监

人力资源从业者演绎的不是单一角色，而是多角色并存，并且各个角色相辅相成。从业十多年，感触最深的是需要在以下几个方面向纵深延展、积累沉淀、持续践行，并始终保持一致性。

一是正能量的传播者。人力资源从业者需要深刻感受、领会公司的企业文化，作为企业文化的践行者和传播者，需要持续保持高频能量状态，并使他人产生共振。情绪的自我管理非常重要，不是要求 HR 没有情绪，而是要保持清晰的觉察，选择最优的情绪流动方式、快速做出调整。

二是宏观战略的解读者。人力资源需要对话老板，清楚公司的业务发展战略规划，并前置人才发展规划。在公司准备大展拳脚、拓展业务的时候，及时地实现人才供给。

三是细微之处的执行者。人力资源工作，是与人打交道的工作，每一个模块工作都与每一位员工利益息息相关，容不得半点马虎和懈怠；每一项细节工作都必须做到位，扎实落地。

四是业务发展伙伴。人力资源专业知识和技能如果不能支持公司业务发展，就如同闭门造车，没有任何价值和意义。需要保持与业务部门持续地沟通和交流，参与业务会议和实践，成为真正的伙伴。

五是组织活力的保障者。企业的发展，离不开优秀的团队，公司不是慈善机构，要实现基业长青，组织的核心竞争力是关键。人力资源需要协调各部门，定期进行人才盘点、识别优秀尽责贡献员工，把不适合组织发展的人员及时清理，保持组织的活力，为业务发展保驾护航。

036
对HRBP的角色认知

杨西奥
长城汽车　人力资源总监

第一，业务伙伴这一角色的存在，并不是职能上的创新，更多的是一种工作方法上的创新。HRBP所做的每一件事，并没有超出任何前人所规划的人力资源职能范畴。HRBP的价值在于，你并不是去满足某一清晰的人力资源目标，而是发现可能不甚清晰只有方向的某一"痛点"，并将整合后的人力资源职能作为工具，解决这一"痛点"。面对这样一份解决方案的工作清单，你要比传统HR更清楚地知道，基于当前业务与团队现状，可以做什么，不可以做什么，先做什么，后做什么。

第二，了解业务是基本门槛，但并不是核心竞争力，传统人力资源中，优秀的招聘经理需要了解每一个岗位，优秀的培训经理能为没经历过的业务开发课程。传统的CFO与CHO天生倾向于管控风险，而HRBP则要符合业务部门的做事逻辑，当你和销售团队在一起时，你是否能一样以客户为中心全力以赴？当你和研发团队在一起时，你是否能一样面对未知的方向仍能确保取得成果？

第三，像一个产品经理一样去工作，以第一性原理去洞察组织现状的人力资源根本原因，以清晰的用户调研去完善你的人力资源解决方案产品，UED 的设计逻辑使人力资源政策更有人情味，以测试的边界思维提前规划所有可能风险的应急预案。产品经理联结"死"的产品与"活"的用户，HRBP 联结"死"的规则与"活"的组织。

037
现代人力资源从业者的转变

林丹

亚洲浆纸业　全球人才管理行政发展主管

许多人力资源流程来源于专业公司，采取常规和基本的管理措施，使人力资源从业人员可以转变为提供增值服务而不是维护服务。传统的人力资源服务，如工资、薪酬和福利、招聘和福利，是外包的潜在候选所有人力资源服务，如管理培训计划和实施培训需求分析，都是由一些组织提供的，以培养人力资源开发人员，并重新评估附录。

这一转变意味着，被认为仍然重要的管理者的角色将减少对变革管理、咨询、辅导和指导、人才培养和继任规划等问题的认可，将增加人力资本的价值和创造价值。

人们通常认为，现代人的能力表现在一个拥有先进技能的人，可以通过咨询、心理咨询和开展新的热疗法，帮助员工将能量从内部释放到组织的高水平能量。现代人的职能是组织发展的重要职能。

038
多角色不怕，找准自己的定位

Lena Li

挚途科技　人力资源总监

走过事务性的阶段，越来越多的思考都集中在人力资源的核心价值、贡献体现在哪里。所以"懂业务"成了大多数人力资源从业者对自己的硬性要求。那么，什么是"懂业务"呢？其实可以简单地理解为与业务同频，了解经营之道。也就是说，需要去了解公司的商业模式，以及企业内部实现盈利的运营模式。然后去找业务中关于人、组织的"痛点"，与管理者成为伙伴，进一步赋能管理者，赋能组织。随着AI技术的发展，利用机器人进行人力资源工作是当下的一个趋势，为了做到不被替代，还需要做到了解行业趋势，分析企业发展前景，匹配合理的人力资源活动；从价值创造出发，更贴近管理者的需求，不断提高用户认可度。

039
HR角色重塑需要注意的问题

钱海清

艾沛克斯工具

HR的角色是激励者，HR部门就是公司的作战参谋部。

HR 的角色：在当前的移动互联网时代，员工群体的主力是"90 后"和"00 后"。任何一句"80 后"听来顺理成章的激励语，在 Z 世代耳朵里都有可能是淡而无味的鸡汤。所以，目前 HR 最重要的角色就是"善于倾听且长于激励员工的伙伴和导师"。

HR 的定位：如果说为员工提供贴心的建议和成长服务，提供业务所需的源源不断的人才是上一个十年主流的 HR 定位，那么下一个十年里 HR 部门就是组织的作战参谋部。公司需要打的每次战役，都要通过 HR 部门的运筹帷幄，做好细致的员工序列组合方案和确保计划有效落地，使每个工作团队的人力资源都达到"1+1 > 2"的效果。

040
HR在企业中的角色与定位

Kayla Ding
某大型电气企业　人力资源总监

随着社会业态日趋多元化、科技化、动态化，对企业内部各个角色的要求也在潜移默化地提高，对于人力资源的要求更是凸显。似乎企业发展初创、发展快速、发展"瓶颈"等问题的出现，从某种程度上来说都是 HR 的力量过于薄弱导致。虽然，多年来就一直在释放 HR 由传统的人事管理转变为现代化人力资源管理的信号，实际上又有多少企业能做到真正意义上的人力资源管理？又有几位 HR 能真正发挥人力资源的管理作用？即使有少数企业 HR 比较幸运地起到该起的作用，甚至发挥超常，但是还不足以影响 HR 的行业地位。更何况，即便是"人力资源"管理似乎也比较难以满足企业的发展需要。

作为一名有近二十年 HR 工作经历的从业者，我根据以往的经验总结出一个关键：HR 是否能真正贴近业务线开展工作。

首先，需要从观念上发生转变，无论是从业者还是企业，都需清楚认识到，HR 不是闭门造车者，也不完全是制度的执行者，而是需要"承上""启下"的制度引领者。

其次，真正参与企业经营活动中，了解公司所处行业发展势态，为公司进行人力资源"诊脉"，开具"药方"。

再次，从"强势"的制度推行者，转变为用"人力资源"管理工具推动业务发展的一员，引领各个业务模块，共同推动企业人力资源发展。

最后，将企业的考核结果、激励结果兑现于员工，充分提升员工主观能动性，形成强凝聚力的企业文化。

041
平衡"角色冲突"，与"矛盾"和平共处

Leo Li
广州宏途教育网络科技有限公司　首席人力资源官

很多 HR 会面临一个困境：一方面作为 HR，要维护公司的立场和利益；另一方面作为员工，不可避免会有与其他员工相似的感受和体验，比如对于不公平或不道德现象的负面感受。这时如果要处理相关的问题，会面临角色冲突导致的困惑、怀疑、否定等心理问题，影响判断和行动。

如何应对以上困境呢？作为 HR，如果你具备如下的认知前提，相信在面对这些冲突时，可以保持心态平衡。其一，工作环境下的职业角色必须优先于其他角色。不懂角色的演员不是一个好演员，明白一个角色的边界和内涵尤为重要！其二，道德可以用来衡量个人，但不能用来衡量公司。公司合法、合规去获取或维护利益是无可非议的。其三，合理不一定合情，反之亦然。

HR这个职业必然会碰到角色冲突和矛盾。解决这些冲突要做到以下三点。其一，保持心态平衡。尽可能理性思考冲突的来源和成因，探寻本质，然后去寻找尽量合理的方式来解决问题。不带情绪可以让你避免陷入与他人因产生"情感共鸣"而产生情绪问题的困境，从而避免问题变得复杂。其二，学会利用规则。规则包括内部规则和外部规则，规则的存在本来就是为了尽量公平解决大部分的问题。如果你理解规则，经过优、劣势分析，就可以尝试利用它来解决当前的问题。其三，对事不对人。"人"和"事"对应的就是"情"和"理"。合情和合理往往是不对等的。用合适的方式让当事人关注事情、结果或逻辑，建立统一认知（与公司文化氛围有关系），有助于对问题的解决达成共识。需要注意的是，不能忽略人的情绪或感受，应理性对待而不是放大处理。

总而言之，角色理解到位，心态保持平和，角色冲突和矛盾就能迎刃而解。

042
HR的自身定位与岗位使命价值

Cici
戴尔科技　战略人力资源业务合作伙伴

做好HR的自身定位并赋予这个岗位使命价值，是职业选择的关键。我对HR角色的理解为以下三点。

第一，先立为"人"，再将自身打造为不可或缺的"资源"，最终赋能业务"管理"。"立为人"讲的是价值观及品行要端正。HR是企业文化的一面镜子，企业宣导的价值观及管理理念，如正直诚信、共赢创新等，HR必须认可并践行，从而赢得信任。

第二，将自我"资源"化，这一点可以理解为具备创业者或供应商心态。为何业务部门需要 HR？我们的核心竞争力或不可替代价值是什么？哪些工作可以被外包或由业务部门自我实现，哪些不能？企业真正的挑战和问题是什么，我们是否有能力从专业角度提供解决方案？这些都是 HR 职能的立命之本。

第三，赋能"管理"。必须要明确 HR 不是业务部门或员工的管理者或保姆，而是赋能者。HR 的各项政策工具或解决方案一定是以赋能人才、驱动绩效为目标，而非为了获取关注或设置障碍。

043
HR要找准自己的定位，做一个好"媳妇"

杨越

天洋国际控股有限公司　前人力资源总监

一个好媳妇的标准是：上得了厅堂，下得了厨房；既要孝敬公婆，又要相夫教子，还要在有限的条件下经营好这个家。

HR 在企业中也要找准自己的定位。我们有很多角色，要在不同的情境下进行自由切换。对于老板来说，我们是企业咨询顾问；对于业务部门的领导来说，我们是合作伙伴；对于员工来说，我们代表企业，既是政策的制定者、执行者，同时还是政策的解释者和宣传员，有点像心理咨询师。扮演不同的角色就需要有不同的心态，同时要具备良好的同理心，只有多从对方的角度考虑问题，才能完成好自己的本职工作。

希望大家能够找准自己的定位，做一名优秀的人力资源从业者！

044
人力资源的角色定位和贡献

黄雪兴
普源精电　人力资源总监

　　人力资源的核心任务和存在意义是通过各种方法为投资人、老板打造一支能征善战、能够适应环境变化的队伍，建立一套能够逐步改善的组织发展机制，从而帮助企业的业务发展，提升企业的市场竞争力，实现企业的长期经营目标和愿景。

　　人力资源工作的开展需要以不同阶段的企业经营目标为导向，时刻关注企业内部及外部客户的需求，尽可能量化、分解以产生可执行的行动计划。不论是哪种形式的人力资源管理模式，如三支柱、六模块，都需要定期回顾阶段性目标达成情况和出现的问题，不断反馈、不断改善。

　　人力资源角色扮演者尤其是中高级人力资源管理人员，除了需要执行专业的工作任务外，更多的是辅助自上而下的各级管理人员。通过紧密的工作联络，熟悉业务情况和组织情况，为他们出谋划策、提供解决方案，并最终促成各项工作达到预定的目标。

　　在企业发展和组织演进的过程中，也应适时关注、收集各种活动、案例信息，不断总结、提炼、宣传、推广企业提倡的精神、价值观，形成良好的企业文化，增强员工凝聚力，提高员工的敬业意识。

045
HR要在角色变换中赢得信任

谭大年
艾昆纬　助理人力资源总监

HR 成功的基础是什么？是战略制定得到位，是员工关系做得完美，还是培训计划做得成功助力业务发展？我认为 HR 成功的基础是赢得信任，赢得业务领导的信任，赢得员工的信任。谈到赢得信任，还要从 HR 的不同角色说起。

有时候 HR 是预言家，需要根据公司的现状和未来的战略，描绘蓝图，指点江山。

有时候 HR 是医生，需要帮助公司管理层分析目前业务发展中出现的各种问题，从中诊断哪些是因为人的因素造成的，用 HR 专业的技术、理论、实践、经验拿出解决方案。

有时候 HR 是会计，需要对公司的人力成本精打细算，把每一笔花费都投入到最需要的地方，同时还要尽可能为公司节约成本。

有时候 HR 是市场经理，通过 HR 的每一个职能和活动，把公司的品牌形象宣传出去，为公司吸引更多的人才。

有时候 HR 是救火队员，在公司经营及员工发生突发状况时，合理、合法且及时地解决问题。

有时候 HR 是居委会主任，员工的大事小情，调解关系都尽在掌握……

HR 的角色还有很多，通过这些角色的不断变换，越来越了解业务，越来越赢得信任，从而实现"from outside in"（从外到内）的最终目标！

046
HR工作对于企业的价值

王慧
万科科技团队　人力资源合伙人

　　HR 工作的价值也有"文武之道，一张一弛"的概念在里面，也就是 HR 对于企业的价值，也应该一手看近期，一手看远期。近期是紧急的事情，是为业务找到优秀的人才。远期是重要的事情，是建立一个不断产生优秀人才并给予发挥其最大能力的空间的体系。

　　这两个事情看起来都挺简单的，但如果结合企业发展周期来看，就会复杂起来。复杂性来源于两个方面：其一，人才和体系本身也由优秀的人才建立并运营；其二，人才和体系最终都是为企业的目标和效率服务，它会因企业的发展、资源的依赖而千企千面。这种复杂性所带来的直接结果就是 HR 对于当期工作的优先级的评估难度增加。甚至很多 HR 会出于惯性思维，机械地延续过往的工作习惯，使得输出的价值有所降低，甚至做了不少无用功。

047
只有管理方向确定才能更好地在企业中游走

Helen He

上海佘山国际高尔夫管理有限公司　人力资源总监

职场中的团队管理无外乎向上管理、平行管理、向下管理，HR在这个团队管理中发挥承上启下的重要作用，这时请一定先定位好你在公司的角色，然后了解你在业务部门中的样子及平行关系的需求，最后是你自己心中的职位定位，在精通业务的同时先要具备向上管理的能力，能精准知晓上司内心对HR的具体目标，根据目标进行有效分解并与业务部门做良好的沟通，最后将目标通过各业务部门进行分解，这样的团队管理架构才能顺畅进行，同时你也能在组织中做到游刃有余。

第三章

招聘管理

048
VUCA商业环境中的HR工作

叶有良

TCL大学高级培训师、TCL照明　首席人力资源官

在如今 VUCA 的商业环境中，优秀的 HR 工作者需要跳出专业深井，成为变革的推进者和业务的伙伴。

HR 工作者必须对变化的商业环境和业务模式保持足够的敏感，成为战略的有力支撑者和流程与政策的设计者，然后全面参与到业务的各个环节中，并且始终能从人性的本质出发，发挥人性的光芒，激发组织的活力与创造力，促进团队成长和企业目标的达成。先有人，方有战略的实施，在全世界吸纳人才，是如今 HR 的首要任务，同时构筑起人才的有效管理机制，才能增强企业的持续竞争力。

049
VUCA时代优秀人力资源从业者的特点

潘楚楚

沃生医疗　运营及人力资源副总裁

人力资源工作的本质是创造一个让员工体验到爱与价值的环境，从而释

放内心无穷宝藏，帮助组织达成绩效，实现愿景。在 VUCA 时代，优秀的人力资源从业者通常有以下特点。

第一，正直并且热爱工作，坚信每一个行为背后，一定有正向的意图。

第二，具备成长型思维，在认知中不断扩大经营和人力资源的交集，最终将两者的边界彻底模糊。

第三，能够帮助组织建立以共同目标和愿景为基础的信任，其所在的组织虽然没有严格的绩效考核，但绩效通常会超出预期，是最好的产品经理、销售及绩效"教练"，特别是热爱客户并帮助客户实现相对重要的目标。

050
拥抱双赢思维，成就组织与员工

Ben
基华物流　北亚人力资源副总裁

众所周知，招聘到合适的员工是一个组织的制胜关键之一，不过它并非一个零和游戏，而是组织根据所处不同时期的战略需要，不断甄选最佳人才以及与候选人确认目标一致的过程。在该过程中，双方都有对既定"回报"的期待，然而该"回报"的最大值仅会出现在组织与员工的价值观高度契合以及怀揣着成就彼此的承诺时，才能达到所谓"心流"的境界。任何一方的些许妥协或怠慢，都将会使双方与高绩效或成功失之交臂，更有甚者在错误的时间做了错误的决定，从而痛失宝贵时机并付出巨大的机会成本。因此，摒弃错误观念，组织与员工拥抱双赢思维，是组织成功的催化剂，唯有如此，才能使组织在打造战略核心能力的过程中成为员工施展才华的平台和实现抱负的舞台。

051
透明的力量

王迎
迈克尔中国　人力资源总监

　　HR 的工作通常与机密相关，公司组织架构调整、人事变革、薪资调整、劳动合同续约与终止等，这所有的一切无不给 HR 蒙上一层神秘的面纱。也正因如此，很多 HR 从业伊始便被告知要注意保密，讳莫如深成了 HR 的标签之一。与之相对应的则是透明，这里举两个例子看看透明的作用。

　　一是员工沟通。公司的发展规划、战略部署、经营指标、面对的机会及挑战是否能及时紧密地与员工沟通非常重要。定期的、透明的沟通将有助于员工对业务的了解，坚定自己在公司发展的信心，明确自己能为公司做出何种贡献。尤其是在新冠肺炎疫情防控常态化的背景下，"透明"变得更为重要，新冠肺炎疫情给企业带来严峻挑战的同时，也给员工带来了精神压力，更为紧密的透明沟通提出了新要求。客观地、坦诚地将企业面临的困境以及可能采取的措施进行透明的沟通，将使员工更好地理解公司并使其真正有作为企业一员的责任感。

　　二是人才招聘。尤其在高管招聘这个领域，有个 HR 经常谈及的词叫"confidential search"（机密招聘）。通常出现的情况是目前的在职人员（往往是高管）因方方面面原因达不到公司期望，HR 在对在职人员保密的情况下委托猎头进行招聘。那么问题来了，HR 能否对应聘人员有个如实的背景介绍告知其目前在职人员为什么被认定为不合适？譬如，文化不符？岗位不能胜任？人际关系差？领导力不足？抑或其他原因。或只是含糊地告诉应聘人员然后尽快地完成招聘工作？新人入职后，HR 应将这个职位更多的"前世今生"清楚地告知新人，做好入职顾问的工作，帮助新人尽快适应新的环境以便做出自己应有的贡献。

以上是当今 HR 的两个工作重点：一是协助 CEO 赋能员工打造员工主人翁精神；二是 HR 如何帮助他人实现成功（而不是仅仅止步于招聘），通过透明的沟通并充分运用好透明的作用，HR 可以更好地发挥好自己作为企业战略合作伙伴的角色。

052
招聘具有长期观念的同事

曹雪松

第一创投　人力资源总监

我们在进行人员招聘时，一般都希望找到工作经历丰富的人员。但也经常会遇到工作经历不少而每段经历都不长的人，对这类人员的录用需要特别谨慎。

一般来讲，频繁换工作即便可以有种种客观理由，但大多数情况下这类人主观上是缺少长期工作的思维模式，仅仅把一份工作当作谋生手段或跳板，而不是把工作当作自己的职业去经营。

任何工作中出现的问题，无论是公司的、行业的或人际关系方面的，都是一个人的职业生涯里或早或晚需要面对和解决的，逃避不是最好的解决办法。一个人只有具有长期观念，才会积极面对各种困难，并在解决各种问题中获得各种能力的提升，与公司共同成长，并获得个人职业生涯的发展。

053
拥抱变化，根据业务需要快速改变人事策略

Grace Qian

麦肯世界集团　中国首席人才官

各个行业都经历着巨变，尤其是新冠肺炎疫情暴发之后，全球经济受到了巨大的冲击，为了在"新常态"的模式下生存下去，每个企业或多或少都在寻求新的业务模式和盈利方式，对人才的要求也有了相应的改变。HR 必须积极适应变化，跟随业务策略的变化及时调整人事策略，包括及时调整人才储备方案、改变人才招聘方案以及根据新的业务需求制订新的培训计划，确保老员工能及时获取新的知识和技能。人事策略只有紧跟业务策略的步伐，才能帮助企业快速完成业务模式转型，让企业在竞争中有很强的竞争力，这才是 HR 工作的核心价值体现。

054
面试中经常被公司高管问到的一个问题

陈爱想

斯卡西亚（北京）医疗器械有限公司　中国区人力资源总监

最近在看新的工作机会过程中，面试中经常被一些公司高管问到一个问

题：如何让公司的文化落地？这实在是个让人欣喜的问题。欣喜的是，越来越多的公司已经意识到企业文化的重要性。我对企业文化非常感兴趣，但自认所知甚少，故而在此只为抛砖引玉，以引起大家的思考。总体来说，我认为是人本主义催生了企业文化。企业文化让一个企业从"机器"成为一个"人"，从而使企业真正具备了自己的"identity"（身份）。一旦企业拥有了自己的"identity"，也就具备了蓬勃的生命力、自我成长力，并且不可轻易被替代。

那么企业文化是什么？是员工活动，是各种张贴在墙上的宣传画，还是一次次的会议宣讲？当然这些都是让企业文化物化的方式，但是究其根底，企业文化应该包括企业的精神和价值观、经营的哲学和理念、行为准则等核心内容，并应该体现在企业的管理制度、员工行为方式和对外形象中，也只有这些才能直接诠释企业的文化内涵。在现实中，最常见的问题是：企业提炼出公司的精神和价值观，但企业实际行为根本不能与之对齐，如此一来，企业文化就只能存在于口号上、宣传报上，落地就无从谈起了。

举个例子：一个宣传"创新文化"的公司，如果执行严格的绩效考核，那么绩效管理和公司宣传的行为之间就一定是冲突的：严格的绩效考核使员工专注于短期目标，一定会妨碍创新。再如，我们都知道，所谓华为的"狼文化"，其一是敏锐的嗅觉；二是不屈不挠、奋不顾身的进攻精神；三是群体奋斗的意识。一些公司看到华为的成功，也开始追求狼性文化，这让我们看到很多粗劣、扭曲的模仿：这些公司只是将"无休止的加班""粗暴的管理制度""不容置疑的独裁"施加给员工，并将之视为狼性文化，而实际上，这样的文化应该是"训狼文化"。

企业文化还是要踏踏实实、实实在在地做，就像一个人，表里如一，这样，企业文化才具有感染力，才能感染到员工、客户、股东、社会。

055
招聘工作三件事：需求、触达与匹配

李麟中

基君豪股份有限公司　人力资源前部长

本质上看，招聘很简单，就做三件事：需求、触达与匹配。

从需求层来讲，就是当公司产生一个招聘需求时，HR能否去挖掘岗位对人的需求。青铜段位的HR找用人部门要需求；白银段位的HR是在与用人部门沟通中去帮用人部门发现忽略的要求；王者段位的HR则是基于战略与业务本质去梳理要求。段位越高本质上越回到HR的使命：懂战略、贴近业务，大道至简。

我不太喜欢把招聘渠道定义为渠道，那太狭窄了，我觉得用"触达"这个词更贴切。你通过招聘网站找到人选那是渠道，而通过人脉、网络"人肉"的方式找到人选那就不叫渠道了，但却完成了招聘。几年前腾讯的"朋友网"实名社交平台还存在的时候，我就在上面进行过定点挖人，触达到当时想挖"世界那么大，我想去看看"的热点网红。"触达"这个词包含了招聘找人的全过程，跳出渠道来看更完整，也更能打开视野，论坛、社交网站、线下聚会、人脉关系、信息发布都是在触达，跳出渠道的触达。

匹配则是基于需求去识别触达到人选的过程，涵盖了对人选技能、能力、素养、职业动机、价值观以及薪酬发展期望的匹配，也由此延伸出对能力素养识别的方法论、冰山模型、测评方法等要求。

056
人选履职信息背调的三个维度

李麟中

基君豪股份有限公司　人力资源前部长

做背调我不太信任让负责招聘的同事或者让推荐人选的猎头来做，毕竟两者的目的是录用人选，而不是找出问题。相反，我会安排一个完全与招聘关键绩效指标无关的人来做背调，他对背调本身的信息输出以信息完整度、风险挖掘多寡来作为加分点。

所以，我专门做背调的下属逐渐打磨出"掘地三尺"的背调方法。除去常见的基本信息核实、学历和犯罪信息第三方查证等，对于人选的履职信息常常会做三个维度的系统验证。

一是多级背调。即对于提供的背调人选进行访谈调研，同时通过自己找的联络人进行背调，背调时还要核实其提供背调联系人身份是否真实、与人选的关系等。这一层信息足以反映人选给的联系人客观性，从而体现真实度。至于其他联系人可以找前台，或者直接招聘网站付费下载同公司其他任职人员简历即可。

二是多维背调。用360评价的方法对上级、下级、平级、客户、业务上游进行系统性了解，更立体地还原其工作业绩、能力技能特质。

三是网络信息痕迹收集。我曾在搜索引擎中搜到过人选任职岗位与简历信息有明显差距的，因为其在网上发布了相关名片。搜索时不仅仅是单一的引擎应用，还是不同属性特征的组合查询，比如有专门搜索微信公众号发布信息的引擎，很可能有很多人在公司公众号中被宣传过，里面会提及职位、头衔、任职公司等，还有实名社交网站，甚至自媒体都是搜索的来源。

057
企业选人的标准

邓婷

臻迪　人力资源总监

作为 HR，把住人才入口关，是一切围绕"人"的工作的基础。对人的判断有很多维度，什么才是优秀的人才？我认为，无论是传统企业，还是新兴互联网企业，抑或风头正盛的人工智能企业，对人才的判断，首先是"合适"，然后才是"合格"。

所谓"合适"，就是"儒有合志同方"。正如臻迪集团所提倡的具备"洞见、坚毅、吃亏"本质的人（臻迪企业文化）。所谓"洞见"，就是能够独立思考，能抓住事物的本质，把握"第一性原理"。所谓"坚毅"，即认准一件事情，不放弃，将信念转化成热情，将工作转化成爱好。所谓"吃亏"，"吃亏"是有格局的，是知道取舍，是不计得失，是为了目标不屈不挠。

只有符合企业文化的人才是"合适"的人才。只有合适，才能在组织中发挥价值，才能在工作中做到游刃有余。只有合适的人才，才能在新的岗位上发挥出基本的能力和专业特长，才能让自身"合格"岗位的专业能力为组织所用。

058
高效解决人才供应的关键是解决三个信息不对称问题

李智远

广东园方集团有限公司　总经理助理兼人力行政总监

人才供应是人力资源管理的基础性工作，人才供应的充足与否会在很大程度上影响人力资源管理其他模块的工作质量。要高效地解决企业人才供应问题，关键要解决以下三个信息不对称问题。

第一，解决业务部门和人力资源部门对人才需求理解不对称的问题。很多时候，业务人员由于不懂人力资源语言导致不能准确地对目标人才进行画像，人力资源部门由于对专业了解不够而不能准确转化为职位描述来有效展开人才寻源，导致效率低下。所以，招聘人员要主动理解业务，从业务角度去准确理解业务部门的人才需求，找出业务人员未表达出来的潜在信息，进行加工处理后形成精准的人才画像，再展开人才寻源工作，往往效率更高。

第二，解决人才分布和人才需求信息不对称的问题。隔行如隔山，如何跨过"山峰"通过"隘口"找到行业人才聚集地非常重要。我们可以通过众多的招聘渠道来解决常规的人才寻源，但要想精准、高效地找到最需要的人才，就要形成详细、精准的人才地图。

第三，解决人才需求和具体候选人之间信息不对称的问题。候选人是否就是我们需要的人才，是比较难判断的，但又必须在较短的时间内做出判断。在甄选环节由于候选人会极力只把最好的一面展示出来，如果招聘人员不能准确识别，往往会造成因判断不准导致人才引进失败。这时候就需要科学设计甄选环节，通过笔试、面试、背景调查等手段避免信息不对称带来的选人风险。

059
HR的"选用育留"

林虹

成都晓多科技有限公司　人力资源总监

企业发展得好坏越来越取决于管理这一基石，制度和流程是根本基础，管理的本质不在于制定了多少条条框框，而在于对人才的管理，即如何寻找、培育、留住以及有效地运营人才（也就是大家常挂嘴边的"选用育留"）。无论企业处于何种发展阶段，这个闭环的形成越坚固，对企业发展助力就越有效率。

这也是人力资源的核心，当然这一核心要围绕企业的战略开展，每一环节都需要深耕和沉淀，无论 HR 深耕于哪个环节，都需要保持开放的心态，将方法论转变为可落地的行动。只有保持了开放心态，HR 才会对自己的经验不断总结，不断地在知识的海洋里畅游学习和迭代。

060
HR甄选人才的四个维度

吴蓓蓓

汇丰银行、法国巴黎银行　海外基金HR

甄选合适的人才是 HR 每天都在做的非常重要的工作，我们通常会从四个维度来评判人才。

一是激情（Passion）。只有热爱一项工作，才能找到工作的原动力，并持续投入精力。

二是学习能力（Learning ability）。保持开放的心态，只有持续不断地学习才能应对复杂多变的环境。

三是同理心（Compassion）。从他人的角度考虑问题是双赢的关键，格局决定了视野和方向。

四是韧性（Resilience）。学习能力能让你走得更远，抗挫力则让你走得更久。持之以恒，方得始终。

061
做时间的朋友，陪伴优质候选人共同成长

Patrick Zhu

苏交科集团股份有限公司　招聘总监

张磊在《价值》自序中写道："长期主义不仅仅是投资人应该遵循的核心法则，而且可以成为重新看待这个世界的绝佳视角。"

从事招聘和从事投资类似，投资是选对企业，招聘是选对人。招聘工作中，最重要最核心最具价值的工作是与候选人的接触，通过深度接触可以了解候选人的知识、能力、潜力、价值观。陪伴优质候选人共同成长，对内部的 HR 或咨询公司的猎头而言，都会带来长期的价值回报。

062
对人力资源从业者能力评价的四个维度

乔烨

大陆投资（中国）有限公司　可持续发展、健康及员工关系总监

激烈竞争的市场环境对新常态下的人力资源从业者提出了挑战，同时企业对HR的能力评价也提出了更高的要求，主要总结为以下四个维度。

一是以HR专业知识为基础。HR从业者无论从事哪一模块的工作，都必须具备很强的学习能力，除掌握本岗位的基础知识，还需在日常的工作中不断提高自己的业务技能。

二是灵活的管理技能。当代HR从业者需要更敏捷地面对日常烦琐、复杂的工作，需要具备较强的计划性和较灵活的协调能力。特别在面对企业的战略调整和资产重组等重大项目时，需要HR具备较强的应变能力和谈判能力。

三是综合的协作能力。任何离开业务发展需求的人力资源管理都是空洞而缺乏价值的。当代的HR从业者需要在熟悉业务、公司整体战略的基础上构建人力资源管理体系，从而帮助业务部门最大限度地实现绩效管理和人才发展。优秀的HR从业者需要在团队建设、建立关系、影响他人、积极沟通、合理授权等方面具备良好的综合能力。

四是良好的个人品质。HR从业者作为企业文化、价值观的守护者和传播者，需要时刻保持主动、积极和诚信的正能量，同时具备较强的客户服务意识，协助管理者不断挖掘员工的成就动机、激发创新意识。

第四章

培训管理

063
拓宽视野和边界，做顾问+教练

郭兴冲

保山恒益　人力资源总监

作为 HR 管理者，需要始终以全方位、系统和辩证的角度去看待世界，看待组织，看待人。在组织中，HR 管理者扮演的角色更像"顾问 + 教练"，一方面需要利用经验和领导力进行专业领域的管理工作，另一方面需要促进高管团队的思维意识提升。在这个过程中，既要做出成绩作为标杆获得组织的认同，也要具有"垫脚石"的精神认知为长远考虑；既要有自我领导力，也要培养 HR 团队去影响组织中更多的成员，通过合作提升整个组织的效能。

HR 管理者既是"leader"（领导），同时更是"helper"（帮助者）。在面对不同的项目、问题以及每位成员时，专业度和职业度固然是关键点之一，但更重要的是，在意识层面抛除一切预设，以空杯和正念的心态去聆听，不断拓宽视野，让工作边界不被专业本身所束缚。

064
"慢就是快"，欲速则不达

Grace Wu

某跨国制药公司　人力资源总监

培育人才和领导组织变革，都是持久战。在日常事务性工作中，追求效率可以贵在神速；但在大部分战略性工作中，不尊重人类认知和组织发展的规律，一味求快，是会掉到坑里的。个人与组织的成长和变革的过程，其实也包含了很高的价值和更多的努力学习。古话说，"顺势而为"；电影也告诉我们——"让子弹飞一会儿"。

065
视人为人，激励人心

庄太伟

远东控股集团有限公司　首席人力资源官

21 世纪什么最贵？人才最贵；企业与企业的竞争，本质上也是人才与人才的竞争。高明的领导者，不是自己的能力有多强，而是他能影响多少人，让多少人愿意跟随他干。究其根本，就是自己能否做到尊重人，培养人，成就人，能否真正视人为人。此外，组织中每个人都有创造性，其潜力也远远超过我们所看到的，如何激发团队成员的能动性，做好组织建设，让员工获得成长，使组织绩效与竞争力实现增加，就看领导者是否高明。

066
从上往下，由远推近抓重点

温旭欢

深圳市江波龙电子有限公司　人力资源总监

2005 年我从软件工程师转型至人力资源，2005 年到 2008 年，比较幸运地经历了培训、招聘、员工关系、绩效模块，而后转入 HRBP。近 10 年的 HRBP 经验让我知道一个 HR 如果要得到业务部门的认同，必须得懂业务，这个懂业务，懂的是他们要做的事，懂的是业务这群人，懂的是业务在现阶段遇到的问题，然后帮忙推进解决，可能是六大模块中的任何一个，也可能是几个模块组合的。后来做了 HRD 两年后，发现用 HRBP 的思维和逻辑去服务 CEO 或者董事长，去支持几千人的团队时，精力和时间都不够用了，每天很忙，事情也很多，乍一看结果都还不错，帮忙解决了很多问题，可最后总是达不到老板要的结果，为什么？反思过程，总结出来的结论是，人力资源的战略和工作的开展一定要根据公司的战略，从上往下抓重点，譬如说公司人力资源薄弱，那就得搭基础，搭系统，保证数据信息完整可靠，防止漏洞，如果公司正处于扩张期，短期的人力资源策略就是加强招聘及组织盘点，长期规划培训及人才培养；如果公司经历了发展的 2~3 年，处于业绩稳定期但是团队明显乏力，那就要考虑组织变革、薪酬绩效方案调整，每个阶段的重点不一样，只有抓住了，才能集中精力做出成绩，当然如果 HR 只跟着现有战略走，到第二年、第三年就显得捉襟见肘了，所以还得看未来，产品型公司如果目标是做行业第一，那人才的长期储备一定是当下的重要事情，连锁型企业，给未来的准备，运营人才培养体系就会成为重点。业务、战略与人力资源结合，从上往下，由远推近，一口井打出水。

067
数据为基础，业务为导向

EricL
信达思中国　前人力资源总监

在很多 HR 培训中，通常比较注重 HR 六大模块，这没有错，因为六大模块是 HR 从业者的基础。在组织的业务发展中，仅有六大模块的知识与技能还不够。我个人认为，技能模块是"知行合一"中的"知"。除此之外，企业中的 HR 从业者还必须了解数据，因为数据中的逻辑与故事会告诉你企业的战略和业务发展方向，进而 HR 的策略和行为才能和业务发展方向一致，甚至有的时候可以提前一步，这样 HR 才能超越"人事"成为"资源"。人机料法环，人排第一。持续学习，持续进步。

068
如何将新生代员工培养成为公司的中流砥柱

杨娜

互联网行业 人力资源总监

目前"90后""00后"步入职场，他们年轻有活力，同时也出现不易管理、具有较高的流动性等问题。

为了更好地培养新人，有必要全面了解他们，熟知新生代员工的特点，优劣势并存。比如，他们更加注重自我体验，以自我为中心；追求做事的价值感和意义感，对目标的追求更直接；更重视工作和生活的平衡；缺乏耐心，不能坚持，吃苦耐劳的精神不足等。

以下几条建议，在实践中起到了重要作用。

第一，作为管理者，需要有包容、鼓励和发展的心态，有耐心倾听他们的需求，加强对话，实现共同的目标，用自身热情去感染和带动新生代员工。比如，分享新产品的用户体验、讨论新项目的想法等。

第二，洞悉新生代员工的核心诉求，比如重视成长和发展，渴望被信任与被认可，作为管理者用心发现他们的优势，用其所长。将他们的个人发展规划与公司岗位巧妙结合，设计有效的职级及晋升体系。让他们充分参与公司的运营和决策过程，感受在团队中的重要性。

第三，建立富有竞争性的薪酬体系，运用持续多元的激励方式调动其积极性。薪酬对于员工来说，不仅仅是能力和贡献的衡量，也是生存的资本、价值的体现。薪酬体系设计注重市场平均薪酬的竞争性，公平、公正，根据不同的岗位不同的人员进行设计与分配，加入多样的激励方式，比如货币化薪酬（工资、福利、分红、股份等）、非货币薪酬（职权、工作氛围、弹性工作等）、精神层激励（认可、尊重、成长等），让薪酬更好地发挥它的激励作用，满足不同员工的需求，如果可以，采取关于集体的团队奖励之类的措施，更有助于培养团队精神、增强团队的凝聚力，也让员工对这个团队更有归属感。

069
做深做宽"一公里"

Sally Yang
赛诺秀　人力资源总监

我们现在对人的要求越来越高，希望员工的综合能力越来越强，作为一个职场老人，我一直希望职场新人一定要选择自己喜欢的工作，在这个领域深挖钻研，成为专业人士；同时一直保持好奇心和求知欲，对职能部门、行业领域保持敏锐度，通过工作锻炼自己的领导力、协作力、战略思维……为以后的职业发展做好充分准备！

070
想到和得到

张志强
恒康建设 人力资源总监

从想到到得到，中间还有个决定性的环节——做到！在目前的职业背景下，人才的竞争越来越激烈，人员的加速流动犹如大潮，无法阻挡，导致企业也不愿意对员工进行专业培养，毕竟"拿来主义"是最快的获得方式！对个人来说，混日子或频繁跳槽的后果就是不断地回到新的起点，在不断的半途而废中艰难地行进。如此这般，员工想得多了，做得也就相对少了，这种状态是不能谈"做到"的，只能说是在不停地做。至于"得到"，准确地说，除了微薄的薪资，什么也得不到！现代的"打工族"没去细思如何去做才属于"做到"，还处于"想到"就想"得到"的状态。不是还有句俗话吗？"没有做不到，只有想不到"，这类的"想"和"做"，最终的目的还是希望得到。谨记：想到就必须要去做到，否则永远也不能得到！

第五章

人才管理

071
德才兼备，以德为先

李洪伟

星景生态环保科技（苏州）有限公司　人力资源总监

最近读了稻盛和夫的《活法》，里面提到日本著名政治家西乡隆盛的一句话："德高者升官位，功多者厚俸禄。"正是因为现在的企业管理中往往是业绩导向，无论晋升还是荣誉，所有的激励都向业绩好的人倾斜，这样一来，一是对个人容易产生过度激励，二是在未经过全面评估之前根据业绩盲目提拔任用，导致很多企业管理者德行差，并不适合其位置，给企业未来的发展埋下很多隐患。中国明代思想家吕新吾在《呻吟语》中说："深沉厚重是第一种资质；磊落豪雄是第二种资质；聪明才辩是第三种资质。"现代企业管理绝不能让做得好不如说得好、做得好不如PPT讲得好现象大行其道，更应注重对德才兼备人才的培养和晋升，为企业发展甄选优秀人才，为企业发展构筑正向文化价值观。

072
HR要做组织和员工的赋能者

Sunny Lin
博世中国汽车多媒体事业部　人力资源总监

在组织中，我们如何去创造一个组织氛围和环境去激发已经加入组织的人的知识、技能和创造力，并不断激发组织新的活力是人力资源工作的核心。我认为，一个优秀的人力资源从业者，扮演的是一个不断给组织、团队管理者及员工赋能的角色。

赋能者包括以下三个方面。

第一，HR 是一个组织架构设计师。我们要根据业务发展的变化，以开放的心态，在组织中勇敢尝试并积极创造多种组织形态，进一步打破组织的固有边界，强化员工和目标之间的连接，从而进一步激发组织的活力。

第二，HR 是一个领导力的赋能者。我们在不断强化并推进组织领导力转型的同时，赋能组织中各层级的领导者成为更好的团队引导者和激励者。人力资源业务伙伴，在日常与管理层沟通时，需要从"人"的视角、组织的视角提供建设性的建议，帮助管理者调动团队成员的积极性，引导团队成员间的信任、协作，从而不断帮助管理者修炼更全面的领导力。

第三，HR 是组织学习、激励平台的创造者。根据组织的业务战略及实际组织情况，构建一套灵活的、丰富的激励体系，搭建一个开放的学习平台，从而不断赋能员工，激发员工的优势及创造力，提高员工的满意度及凝聚力。

人力资源是一个不断成就他人、成就组织的岗位，其需要人力资源从业者有极强大的自我驱动力。在不断前进的道路中，人力资源从业者也需要不断自我学习、自我成长，"赋能"自己！

073
与时代共舞，人力资源是企业的核心竞争力

邓顺

瓦里安医疗　大中华区人力资源总监

人力资源部门是帮助企业和管理者提升核心竞争力的组织，人力资源从业者能否在企业的不同发展阶段激发核心竞争力是企业制胜的关键。作为人力资源从业者，自己的成长决定了是否可以与企业的变化同步。在我的观察中，成长更快的 HR 都拥有更开放、包容与积极的心态。HR 工作的核心是围绕着人和组织，没有完美不变的人，更没有完美不变的组织，只有拥有开放与包容的环境和心态，才能激发出多样的创造力。

关于开放与包容，作为 HR 要有不断学习的心态。尤其在当下的社会结构中，同一个企业可能并存着"60 后"到"00 后"不同年代的员工，如何了解不同时代员工的需要，如何激励不同类型的员工，如何影响不同风格和业务模式的管理者，对于任何职业阶段的 HR 的工作结果以及影响力都会起到重要的作用。

"全局观"与"战略思维"听上去是很大的词，实际上就是"以终为始"。我建议 HR 的从业者在每项工作的一开始先问自己一个问题："我们要解决什么问题？"在开始一系列方法论之前，向业务部门提出解决方案之前，我们是否清楚今天要解决什么问题？从全局的角度去看待问题，我们常常会发现核心员工的保留与离职可能不只考虑工资福利和晋升，还有文化与核心价值观的融合；企业生产效率的进步不是因为组织架构调整，可能是来自员工敬业精神的提升。

074
人力资源赋能的本质是激发人的善意与潜能

郭耀辉

阿特斯阳光电力集团有限公司　亚太区人力资源总监

德鲁克说过，管理的本质，其实就是激发和释放每个人的善意。人力资源管理也是如此，去激发员工的善意。激发员工的善意，就是激发员工内心的主观能动性和主人翁精神（ownership），不满足于现状，不断地迎接新的挑战和目标。我们希望HR从业者具有这种永远积极向上的心态，做任何事情都能热情而积极主动地投入。

具有主人翁精神和责任感的员工，他们的好胜心及好奇心也更强烈，不仅愿意挑战未知领域，同时也容易被激励和鼓舞。为了实现自己的进取心，他们需要主动学习，不断自我发展。在人力资源管理中，我们的目标是让员工成为能够自主工作、主动学习、不断提升自我、愿意挑战未知领域的人。所以，人力资源管理在本质上就是激发员工的善意，让每一个员工真正把团队的成功当成自己的成功，最大化激发个人和团队潜能，最终实现整个组织和企业的成功。

075

数字化转型的钥匙是业务与员工的数字化体验

徐刚

葛兰素史克　中国人力资源运营总监

HR 数字化转型并不简单等同于 HR 信息系统建设，我们需要打破 HR 传统思维，由外而内去思考如何通过人力资源数字化来提升业务绩效和增强员工体验。

从业务视角来看，要明确业务当前的问题在哪里，然后再去思考人力资源数字化如何融入业务的数字化闭环管理中去。

从员工视角来看，新生代员工对体验有了更个性化的要求，我们要模拟员工在职场中每一个关键节点的感受来设计数字化应用。只有企业员工满意了，才能让企业的客户满意。

如果能有这样的思维，那我们就拥有了一把开启 HR 数字化转型之门的金钥匙。

076

从"把双手弄脏"到"解放双手"的数字化转型

Vivian Liu

亿咖通科技　全球首席人力资源官

过去考验人力资源管理价值和有效性的标准是，HR 是否愿意"把双手弄脏",也就是所有事情都亲力亲为。但数字化对应的场景却是HR要"解放双手",这也是数字化对人力资源管理带来的变化之一。

我们认为数字化对人力资源的影响还在于,"它让人力资源部变得不再只是一个支持部门或职能部门,还是一个发挥商业价值的业务部门"。HR可以在增加公司的Market Value(市场价值)中发挥重要作用。当整个组织被数字化所包裹和影响时,首先看到的是岗位和人员的优化。在数字化时代,由于一部分人员和岗位被技术所替代,人力资源有机会把人才战略部署到"招聘全才,而非仅仅招聘专才",因为专才完成的一部分业务是可以通过云技术和AI技术提升而取代,抑或是通过改善升级流程而优化,所以,某种程度上技术的确解放了人类的双手,可以让员工投入到高附加值的工作中去。那么,业务增长和扩张也就不能靠增加"Head Count"(人员编制)的投入来实现了,HR要有能力在预算和人数不增加的情况下帮助企业实现绩效增长。

077
发挥人才盘点在企业核心竞争力构建中的重要作用

Stephen Liu

Greensward Co.Ltd. 集团人力资源总监

人力资源从业者,特别是中层以上职能经理担负着打造企业核心竞争力的使命,选择合适的人才配置在相应的岗位上,辅以激励培训等人才发展的机制,为企业业务发展提供强有力的保障,就是人力资源"选""用""育""留"的闭环思维。

为确保企业在互联网时代背景下,在市场激烈竞争中始终保持领先地位,企业需要提前做好人才储备并定期进行盘点,确保在研发技术、市场洞悉、业务拓展、运营管理等方面都能具备全方位、多层次的人才，建立内部人才池，定义核心关键岗位并制订继任计划。

人力资源部门能时刻掌握员工内部构成，如年龄、学历、专业、性别、服务年限及部门等，统筹各部门绩效改进，要求各级主管与员工定期进行绩效面谈并提供反馈，明确指出员工优点及改进空间，并与员工一起制订发展计划，关注员工培训，推动员工成长。

各部门职能经理对所属员工进行任职资格评定，与人力资源部门一起甄别高潜人才，并组织召开人才盘点会议，基于SWOT分析，明确组织发展战略，在各关键岗位设计人才梯队及继任时间轴，明确员工职业发展通道及流失风险系数，提名各关键岗位继任者，并有针对性地制订有利于员工成长的个人培训方案。

人才盘点不仅有利于管理者了解当前组织人才分布及储备状况，清晰企业在人力资源方面的投入是否能够满足战略发展需要，更是对员工，特别是高潜员工进行开发挖掘，制订企业各层级关键岗位的接班人计划，做到永续经营。

078
人力资源工作的灵魂——人性化

Maggie Zhang
美国国际集团国际市场　首席人力资源官

在我们讨论任何人力资源实操层面的问题前，有一个最重要的问题需要解决，那就是什么才是人力资源工作的灵魂？我在十多年前问过公司的亚洲CEO："你觉得我们公司的人力资源工作做得怎么样？还有哪些方面需要做得更好？"他并没有直接回答我，而是说："我希望我们公司所有的HR高管都不要忘掉人力资源管理的本质——Human Touch（人性化）。"他的这句话是我终生难忘的。

人力资源管理的核心是人与人的连接，心与心的碰撞。如果没有"Touch"，人力资源的很多工作就会陷入纯粹的流程管理，人力资源部就是执行公司制度冷冰冰的机器。制度本身没有错，执行也没有错，但是缺失了Human Touch，对 HR 来说，这样的工作就没有了灵魂。没有灵魂的 HR，不可能用一种包容、开放的心态去对待各种人和事，也不可能和业务建立有效的连接，更谈不上 HR 是企业文化的布道者。

079
最能体现人力资源管理水平的是用人

来兵
深圳市益田新兴产业集团有限公司　人力资源总监

人力资源管理是一项系统化工作，需要各部门一起协同工作。人力资源的职责是构建合理的组织架构、人员配置，培养良好团队氛围等。

另外，人力资源管理中要强调绩效管理，激发员工自我激励，调动员工积极性与创造性。在用人中，组织架构是非常重要的，要适时调整，明确靶向，人员不能错配，要按照岗位职位要求任用员工，搭建最佳合作组织，避免个人与组织脱节。绩效管理要达到的目标则是组建一个"动车"团队，让每一环节都有动力，形成强大合力。要努力做到公司倡导要求的目标与员工努力的目标相匹配，公司获得良好收益，员工也可以得到合理回报，以此实现共赢。

080
如何搭建企业的人才梯队

孙海纳

天誉置业控股有限公司集团　人力资源总监

企业发展是人的发展，只产出业绩而不产出人才的企业不可持续，但究竟人才如何发展，梯队如何建设？下面结合这些年的管理实践浅谈一些理解。

第一，人才盘点。盘点人才是企业每年常规做的工作，落到实处时往往发现企业内部人才供给时常满足不了内部需求，原因很多，比如企业战略规划发生变化，内部架构调整，人员素质参差不齐等。我们往往很难做到企业内部所有人员都必须要满足企业发展的要求，但至少要保证企业的高层和管培生的素质与胜任力，高层把控战略、方向、决策，管培生的输出和培养形成企业未来的腰部力量。

第二，构建胜任力标准。胜任力标准能具体指明从事本职位的人需要具备什么能力才能良好完成该职位职责，因此，胜任力标准完善和优化是人力资源管理体系中很重要的一个环节，在胜任力标准中，更多的是体现与工作不直接相关的潜质的评价。事实上，我们发现员工的软性能力往往会对事情的成败起到关键的作用。

第三，建立人才任职资格体系。设计任职资格等级标准，建立人员晋升、淘汰制度，形成能上能下的用人机制，任职资格体系恰好和胜任力标准形成相互作用的利刃，构成人才梯队建设的依据和基础。此外，还要建立人才测评系统。

第四，建立人才梯队内外资源库。对关键岗位制订继任计划，内部挑选有潜力员工进行测评，外部通过招聘筛选，往往有一些较好的漏网之鱼因为各种因素未能进入企业的，均可进入企业人才资源库；在这个环节，如何选人对企业而言有至关重要的作用。

第五，人才培训体系设计及实施。对进入人才资源库的内部人员，规划培训课程，培训方法，培训管理制度等，在培训的环节中，实施的方法很重要，执行中会发现很多理论基础和专业能力很好的员工在实践中出现各式各样的问题，企业要给予出错的机会，要能承担员工出错的成本，敢于给予员工承担专项工作的机会，不断实践，同时结合上述几个环节建立相应配套考核激励等机制。

081
"最优"人才，人才"激活"

Grace Feng

IPGDX　人力资源总监/业务合作伙伴

无论哪家公司、哪个行业，一切都离不开"人"。与"人"相关的话题，是人力资源管理者的日常；而盘活内部现有人才，激活外部人选，及时匹配组织战略部署，提供业务所需人才，更是当下人力资源管理者的重中之重。

在符合企业文化的前提下，如何与业务部门适时盘点并激活内部人才，使绩优者在新岗位上发挥更大潜能，让不适应当下组织的绩弱者"枯木逢春"，对每一位 HR 从业者都是一个挑战！因此，懂业务的同时，还需要懂"人"。这方面可以了解一下阿里系政委的工作。

对于必须输入的外部血液，不能一味妥协业务主管的高标准、高要求，要细分定义重点技能，避免以偏概全，以行业数据洞察及分析辅助，适时予以引导，找到符合企业文化的核心能力配对人选，凸显业务工作人员的专业能力。

082
HR的工作就是以人为本

Ana Wang
知迪汽车技术（北京）有限公司　人力资源总监

在"人力资源"（Human Resource）一词中，所谓"人力"（Human），顾名思义，是指"人"，所以 HR 的工作就是以人为本，以人为中心，"资源"（Resource）我们可以理解为源头，简单来说，人力资源的发展是企业发展的重要支撑。

但是人与人也有所不同，从人力资源角度来讲，人指的是人才，现在这个社会企业拼的是人才，争夺的是人才的资源，而且人才是企业向前发展的推动力，但是人才和企业也是互惠互利的：人才带动技术的迭代更新，不断进步，带动企业向更高科技领域发展，并为企业创造效益。与此同时，人才也通过企业对其的需求，得到经济收入，两者之间有着惺惺相惜的关系。

再从我所从事的汽车领域来说，国内市场对特殊技术人才有很大需求，伴随着智能科技的兴起，5G 科技时代的开始及应用，市场上出现了对辅助驾驶、互联驾驶、自动驾驶等人才的缺口，特别是中坚力量的人才资源很是紧俏，所以在科技飞速发展的今天，尤其需要重视和培养这一领域的科技人才，为企业创造更大的效益。

083
HR观察并定义高潜人员的普适原则

Sophie Hua

碧然德　中国区人力资源总监

作为一个 HR，在组织发展和人才发展的各类项目中，观察并定义了一些高潜人员的三个显著特质，它们不是所谓学不来的天赋，而是做事的一些普适原则，因此还是可以供很多人参考的。

第一，主动拓展边界。每个人都有自己的舒适圈，这个圈子的大小决定了很多人不同的命运。有些人不愿意多做事情，把自己和别人的工作范畴划分得清清楚楚，多一份不做，少一份计较。也有人不愿改变和提升自己处理各种关系的心态和技能，只和自己投契的、对味的人建立友好关系，殊不知，这个世界上没有谁应该理解谁，我们也无法要求别人去适应和理解自己，长此以往，不过是因为任性和固执而丧失了解这个世界多样化人群的机会罢了。因此，主动拓展做事和做人的边界，是很多人要突破自我的功课。

第二，积极面对，停止抱怨。工作中的挑战几乎是无时无刻不存在着，带来的影响有正面有负面。有些人善于扭转局势，从负面中寻找积极转化的可能性，而有些人，停留在抱怨层面，无法释怀，也就无法前进和成长。消极和积极不过是人面对事情的两种反应而已，采用何种反应完全由自己决定。一旦负面和消极的事情发生，一定要学会告诉自己："停止消极抱怨，如果要转变为积极的影响，我要怎么做，怎么说？"因此，牢牢掌控自己的心绪，积极应对才能帮助自己发生质变。

第三，不要停止学习。很多人在离开学校后，逐渐放弃了看书和学习。很多普通人的命运恰恰是通过不断学习来发生改变的。我们不知道看一本书在什么时候能用得上，但那本书恰恰以它几百页的厚度为你的人生增加了厚度，以它丰富的词汇、深刻的理论在你的心里洒入万千光芒，你因此而魅力无穷，熠熠生辉。停止学习，恰如你自己无知地亲手破坏了原本可以属于你的璀璨光辉。

084
人力资源，从心做起

郭立诚

爱立信　东北亚区数字服务事业群人力资源总监

人力资源之道在于"心意"，心员工之心，意企业之意。这是神圣的工作，把这份心意做到最好，就对了。

人力资源工作有三个层次：人事服务的提供者；人力资源解决方案的伙伴；人力资本策略思维的领导者。

人力资源工作有三个关注：人才；领导；组织。而人力资源从业者最重要的是帮公司建立一个在市场上能赢的组织。

人力资源工作有三个重视：重视员工体验；重视增加价值；重视赋予效能。

我们是价值观与文化创建的提倡者。

我们协助人才、领导与组织探索何为正确的方向，为公司的永续经营助力前行。

085
人力资源管理的根本是对人性的理解和管理

Aloud Hong

晶科能源　全球人力资源及行政高级总监

人力资源管理主要是希望通过各种方法来实现对人的管理，从而帮助企业在人力资源方面的投入与产出达到最大化。然而，对企业而言，人又是最复杂、最难以理解透彻的部分。

有效的管理方法，在业界有多种理论。但无论使用哪种方法，只要理解人性，不违背人的基本需求，都是各种理论和方法有效实现的基本。

优秀的人力资源管理者，应该有洞察人性的敏锐度，有优异的换位思考的能力，从人的基本需求来剖析事件产生的表层原因和根本原因。只有找准了原因，才能找到解决问题的根本方法，最终成为一名优秀的人力资源管理者。

086
HR的人才培养

王慧钢

雷允上药业集团　人力资源总监

人才培养工作计划要重落地、求实效，要聚焦关键领域、关键岗位，确定清晰可量化的人才选拔与培养标准，因人制宜采取有节点、有步骤的具体落实行动，建立关键人才库信息。要营造积极、正向、健康的人才成长环境，坚定不移培养自己的干部，重点关注对管培生、年轻人才的培养，从基层班组长培养抓起，要敢于给年轻人历练的机会，不拘一格将自己培养的干部充实到各级领导班子中，在给压力、挑担子中，让年轻有为的干部不断穿越而出。

人才培养任重道远，公司内部应以"共同目标、统一领导、分级负责、各司其职"的一体化思想为指导，共同激发人才活力，推动人才交流，分层分级建立企业优秀人才供应机制，形成企业干部培养的"活水机制"，通过定期组织对人才培养结果的总结与评价，不断推进干部队伍年轻化，保障企业事业基业长青。

087
发掘、爱护和支持员工的持久学习力

顾顺钰

维苏威高级陶瓷（中国）有限公司　北亚人力资源副总裁

人才发展常常聚焦高潜质人群，关注学习敏感度（Learning Agility），而在制造业环境中跨国跟踪了十二年后，我更相信持久学习力（Learning Sustainabi lity）的重要性。资质并不很高的一群人（当然欧美企业招聘的标准保证了智力底线），一直保持学习和本企业相关的各类知识技能，学习曲线不陡，但始终在上升，在包括研发在内的很多岗位上中长期绩效更好。在对这些人进行跟踪后，我发现持久学习力包括了对新、老事物的好奇，所以有传承，对困难坦然接受不会轻易逃避，对学习不放弃适应性很强，对学到的每一点新东西都很爱惜并付诸实践逐步融会贯通，不断总结归纳可以重复再现。而这些相比学习敏感度，对于单一组织的成长更重要，跨团队管理中后者更重要。

发掘、爱护和支持有学习力的员工，用高潜质人群充当"鲇鱼"，制造业的人力资源工作人员协调好两方面的需求将帮助企业获得最大化的成果。

088
HR的爱才、育才、惜才及放

Olive Li

某国际集团　人力资源总监

我在国际集团和本地酒店工作二十多载，接触了很多不同的文化，对于HR 最深的一个感触就是爱才、育才、惜才、放。不是把人分为三六九等，而是善于发掘每个人的闪光点。用特别的眼光从众生中发觉他们的优点，让他们觉得你是欣赏他们的。再进行系统化的培育，有文化的熏陶、技能、知识的分享、情感的投入。惜才，是对人才的延续，如何爱惜保护这些人才，呵护是一种力量，可以挽留一个人才的力量。放，即人和环境都会有局限性。这就让我们有更多的思考，前面三点都做到了，还是对"才"没有益处，那么表示该"放"了，要么让他到更理想的环境，要么放任。等到了新的环境，他会获得新的感悟和成长。这都源于爱才。

089
人才体系建设应对市场未来发展

甄上上

睿维管理咨询公司　合伙人

人才体系建设应对市场未来发展——在数字化转型和新经济加速发展的背景下，企业间的竞争愈演愈烈。企业的领导者发现人才的竞争成了取胜的关键，这对 CHO 意味着人才发展是企业的关键战略，面对目前市场的人才现状及未来组织在应对发展方面的挑战，我觉得人力资源需要从经营的视角推动组织内部人才体系的建设。而人才体系建设需要配备两个中心，一个是赋能中心，属于体系软件中心；另一个是管理工具中心，属于体系的硬件中心。根据组织的不同发展阶段，人才的体系建设需要匹配相应的人才围绕组织的目标去经营，从经营目标的效能比来检验或者评估人才体系建设的有效性，通过经营目标效能比推动人才体系的完善。同理，通过人才体系的发展来促进组织的经营目标达成；而工具管理中心，则通过业绩的评估来使用相应的管理工具，而管理工具的使用则以效率，流程顺畅，清晰为标准，不能为了使用而使用，适配才能促进组织的发展，因此选好 CHO 将是人才体系建设的必需。

090
洞悉企业发展战略，建立相应制度流程

娄菲
洲际油气公司 总经理

处于不同发展阶段的企业对 HR 的期望与需求是不一样的，而每个企业又都有各自独具特色的生态环境。HR 要敏锐洞悉企业的发展战略，从而建立符合这一战略的可落地执行的组织与人才战略，打造企业文化及核心价值观，建立相应的制度流程等。

HR 对于企业的宏观发展及其文化的认同感越强，我们自身可以发挥的作用及主观能动性也就越大。"怀柔"与"狼性"皆是情怀，认同感强的 HR 可与企业更好地共同发展，实现双赢、共赢。

而 HR 的日常工作涉及情、理、法的方方面面，法是底线，我们要确保企业及员工双方的合法合规，但我们不是警察，而是制度流程的引导者，要在企业与员工之间找到平衡点，使企业的利益与原则没有被违背的同时，员工的利益、积极性及学习成长的空间也得到充分的保护。

091
基于战略的找人及以结果为导向

银雪
AMT企源科技　人力资源总监，工程咨询副总经理

　　我们的工作从人事管理发展到人力资源管理、人力资本管理，但依旧离不开最本质的"人"。我们的组织、我们的企业能走多远，能走多快很大程度上取决于我们跟什么样的人在一起。

　　要通过对战略的理解、对业务的思考来构建胜任力模型。同时，在多样的人群中寻找我们的"目标战友"。以结果为导向，明确实施路径，用 HR 的技术手段、知识深度、经验积累、敏锐的直觉，去发现、影响、培养、激励与"目标战友"共同进步、共同发展。

第六章

绩效管理

092
找到根本原因，对症下药

Richard Liu

柯锐世　亚洲人力资源副总裁

人的问题错综复杂，在我过去的工作经验中，很多人在分析人力资源的问题时不够细致，或是看问题的面不够广泛，导致他们在下结论时只找到表层的原因。如果无法找到更深层或是背后的问题，解决方案只会"治标而不治本"，无法取得希望的成果。我建议大家可以运用"五个为什么"（5Whys）法则来发现问题的真正本质，对症下药。在解决方案上，务必做好优先排序的工作，问自己这个问题："我执行了这个解决方案后，问题就能迎刃而解了吗？"乱枪打鸟的方式除了劳民伤财外，大概率也解决不了问题，还会影响个人信誉。

093
绩效管理"四部曲"

宋洁

某医药公司　人力资源总监

在企业从关注生存发展到关注人的阶段，绩效管理需要提上日程。目标制定、绩效辅导、绩效评价、绩效反馈是绩效管理最基本且最重要的四个环节，称为"绩效管理四部曲"。绩效管理贯穿于业务管理与人员管理的始终。绩效管理的最终目的是激发每一个人的潜能，有意愿付出超出职责的努力，从而激发整个组织的活力，不断取得更高绩效，推动组织可持续健康发展。

第一步：绩效目标制定。目标制定重在上下对齐。根据组织的战略目标自上而下、层层分解，形成落到每位员工的具体目标。员工的具体目标需要具体、可实现、可衡量，能够自下而上层层支撑实现组织的目标。因此，绩效目标的制定，需要充分沟通、对齐理解、达成共识。

第二步：绩效辅导。绩效辅导应落实在日常工作的每一个阶段，通过例行的、持续的绩效辅导与反馈，给员工及时的鼓励和认可，增强自信；同时启发员工思考如何做得更好，帮助员工更好地达成目标、取得高绩效。在这个过程中，也是持续对齐、校准目标的过程。

第三步：绩效评价。绩效评价的客观公正性对组织的健康度、激发员工的战斗力与士气至关重要。通过员工的自评、上级主管的初评、周边反馈、一定规则下的集体评议与审核，识别出优秀、良好、普通、待改进以及不合格。同时，绩效结果需要有效应用于员工激励与发展，只有"给火车头加满油"，才能激发优秀、有潜力的员工更加努力工作，进而取得更高绩效，继而促进整个组织更快地向前发展。

第四步：绩效反馈。绩效的反馈不仅仅是告知员工绩效评价结果，更重要的是就员工做得好的地方、需要改进提升的地方给予充分的反馈，激发员工不断强化优势、改进不足，从而形成绩效管理的良性循环。

094
懂经营的HR关键是绩效

瞿小建
尚高科技　总裁助理兼人力资源总监

未来的 HR 都应该是懂经营的 HR，二者衔接的纽带是绩效。实现这一目标，具体的策略如下。

第一，清晰认识 HR 的人才供应与人员管理功能及各种战略分析工具、财务分析工具、HR 模型等。

第二，识别并理解企业产、供、销、研主价值链及其运行规则，了解其产、供、销、研的一般矛盾及其表现。

第三，非凡的洞察力，深入发现矛盾产生的原因，紧贴企业运营制订对应的 HR 解决方案。

第四，非凡的决策力，从投入产出效果出发，既兼顾长远，又注重眼前，推动方案的实现。

095
工作是非常重要的一部分

白絮飞

某金融企业　人力资源总监

不管承认不承认，工作是我们大部分人生活中非常重要的一部分。很多年前在银行做员工关系管理的时候，有个和部门同事闹不愉快的员工曾经很沮丧地来咨询我说，有没有不需要跟人打交道的岗位啊，我想转到那个岗位。我认真地思考了所有金融系统中的岗位，很遗憾地告诉他："没有。"即使是最后台的员工也需要及时有效稳妥地将信息传递出去，保证所有流程指令落到实处，维护这个庞大系统的运转。

当然开始工作的时候我也是个"低头党"，因为觉得社交很费力，且没有必要，更不敢承认自己其实有点社恐，就缩在自己的座位上，在屏幕前面拼命发邮件，总一厢情愿地认为我发的邮件别人看到了，也一定看懂了，当然更是会执行的。在碰壁了很多次并最终影响了自己绩效的时候，我的导师走过来敲了敲我的桌子和我说了句简单却有力的话："网络正在运行，每天九小时和同事们在一起，你难道认为在他们身上不存在任何闪闪发光的东西吗？那是一座技能矿山，你就是初级矿工，可你一步都没有进山，那你想如何得到你要的技能呢，闭门造车吗？"

这醍醐灌顶的提醒深深点醒了我那点浅薄的"投机取巧"心理，终于明白工作当然不只是用干涩的文字做无聊的传递。于是这十多年来，工作里的良师益友、并肩成长的小伙伴，还有促膝长谈的闺蜜，都从这些用诚用心的社交里走进了我的生活。而对于工作本身来说，越来越信手拈来，毕竟只有当你走出去找到所有利益相关方的时候，才知道每个人的工作习惯、时间掌控、工作质量以及对自己的工作进度有没有影响，及时微调，适度控制，最终也能在领导能力和管理能力这两方面得到提升。

096
绩效管理的实质

季承

联峰科技　人力资源总监

绩效管理的实质首先要承认人的劣根性，在无团队管理、无目标驱动的情况下，大部分的劳动者趋于安逸，少部分人因个人追求而高效工作的状态在这种普遍慵懒的大环境下，也被趋于同化，所以绩效管理应该以经济驭人，以制度管人。将公司总体的经营目标逐级拆分，化一为多，把劳动者可获得的经济收益、发展空间、职业成就等内容与细分目标挂钩，以利益让劳动者自我驱动，激发个人主观能动性，成就自己，成全公司，这叫以经济驭人。将无数人的努力化零为整，以制度保证大方向的一致性，在内部形成高效、合规、协作的整体氛围，以此为纽带，确保劳动者的自我驱动为公司创造最大收益，这叫以制度管人。二者相辅相成，以使绩效管理达到自我循环、生生不息的圆融境界。

097
怎样提高敬业满意度

Jocelyn Dai
格兰富 中国区运营及人力资源经理

怎样把一个敬业满意度（EMS）得分从 64 分（一个在集团内垫底的组织）在三年内提升到 87 分？

首先，聚焦。聚焦员工在 EMS 中提供的公开评论，聚焦分数变化和差距（比对标杆），聚焦领导力需要提升的个体。EMS 的得分固然重要，更重要的是它给我们的管理提供了反馈和改进的方向。

其次，沟通。正式的 EMS 调研开展前沟通和分享我们上年度员工反馈所做的行动计划以及成果，很多时候愿意倾听和努力解决问题的态度要比问题本身是否解决更能赢得员工的信任。保持多层级和非正式的沟通和阶段性的沟通，保持言路畅通，不让 EMS 流于形式。

最后，记住员工必须被视为独立的个体。在洞悉不同层级不同类型员工价值主张的基础上，我们驱动 EMS 的锦囊包括但不限于适时奖励和认可、多元文化与包容、定制化的学习发展、弹性的员工福利以及先锋的企业社会责任等。

098
企业战略是HR策略的源头

姜亮

远大住工集团　人力资源总监

面对未来越来越精细化和充分竞争的市场环境，企业很难有经营一以贯之、风平浪静的年份了。近年 HR 从业者也深感应对变化的广度和深度都在加深，似乎所有的问题都变得不可控。

如何应对？ HR 的产品是人，或者说人的绩效之和。鲜活的个体应对变化一定是多元的，本人觉得要在擅用工具和制度的基础上做到以下几方面。

第一，必须跳出办公室思维，广泛了解和掌握运营信息，并以类似区块链的信息共享中心原理思考，做一个有效的传输节点，充分发挥获取、清洗、归纳、分析数据的专业优势，找出对业务可控的 KPI。

第二，HR 应该比市场更懂得产品、比生产更清楚流程。因为你的产品是这条价值链上的绩效，不求甚解是传统 HR 的短视。

第三，HR 要将招募甄选转变为人才供应链思维，时刻围绕控编和提效这两件事来建设组织，"人才零库存（被高效利用）"是衡量标准和努力的目标。

第四，HR 必须深度融入业务，用数据管理的方式，结合业务现实，用数据孪生思维去经营预测人力需求，用财务和生产的数据去反控人力成本预算，做到供需有计划、有弹性。

总之，未来人力资源工作面对各种的不确定，重心开始从专业因应转变为经营预判，这也是 HR 自我提升和职业上升通道转换的最佳路径。

099
HR要解决"一鱼多吃"的问题

唐慧芳
睿泽体育方泽传播　人力资源总监

从经济薪酬转向全面薪酬，从等级工资到宽带薪酬，从关注结果公平到程序公平，从重点提高满意度到提升忠诚度，从与个人绩效挂钩转向与团队绩效挂钩，从侧重短期激励到侧重长期激励，从重视薪酬的普遍原则到重视员工个性方案，其实都是在解决"一鱼多吃"的问题。将大家周知的基本工资、绩效工资、岗位工资、司龄工资、学历工资、职称工资、法定福利、补充福利、津贴、分红、期权等根据企业发展周期、发展目标、人力资源策略，进行不同的排列组合，权重分配，鱼头做成汤，肥肉伛炖或红烧，鱼骨带肉可酥炸，鱼还是那条鱼，口味丰富起来了，员工自然开心，老板掏的钱就那么多，工资一部分变成以后的"蓄水池"，一部分或变成现在的一些由头领取，都是一样的，只是多了组合，多了口味，看喜欢什么，哪种更对胃口。HR 在算账的时候替老板控制一下总量，总量不变，老板自然同意，薪酬这一敏感的工作自然就容易推进了。

100
"人""事"工作：全局思维量"人"，项目思维执"事"

梁喆

合生基因　人力资源经理

做"人"，不做井底之蛙，向外看。全局思维从实际出发，正确处理全局与局部、未来与现实的关系，并抓住主要矛盾制订相应规划，以实现全局性、长远性目标思维。

拿谈薪举例，你的候选人抛出薪资要求，你要考虑的不是一味打压薪资，而是分析、判断影响因素，分析候选人与内部员工的胜任力并做出对比。判断候选人薪资期望合理性，向内看与企业同岗位薪资偏差，向外看与市场薪酬分位偏差，探究行业发生了哪些变化，从而对公司结构体系做出规划及长远设计。

做"事"，不做表面功夫，用正确的方法做正确的事。项目思维从落地出发，将每一个工作任务当成一个项目去执行，围绕着范围、进度、成本去把控任务的质量，有策略、有方法地执行任务，为工作落地去做持续并有效的过程管理，以达成目标思维。

拿绩效工作举例，无论企业是 KPI，抑或是 OKR，都遵循落地原则，如纸上谈兵不如不做。如何推动这项工作，公司目标确定后，你要带领业务去分解可量化的目标任务，确认进度、范围、成本，并帮助业务部门建立风险应急预案，用项目管理的思维去管理干系人需求，平衡所有制约因素，在整个追踪过程中，HR 不是一个收集表格的人，而是让业务有序实施绩效的推动人。

作为人力资源从业者，你所专注的六个模块是一个闭环齿轮，不是持续的输入和输出就可以让公司业务运转起来的，人员培养、效率提升等都是一个变量反应后不断的迭代。

101
掌握人才管理创造绩效成长

陈克强

Fii-CNSBG 人力资源处协理

人力资源核心工作中，人才管理一直是核心的议题。企业因人不同而有差异，完善的人才管理，向来被视为企业创造竞争优势的关键。关于人才管理体系，虽然每家公司各有特色，仍可以套用 3A 的模型归纳说明。所谓 3A，就是指人才取得（Acquisition）、人才布建（Allocation）与人才激励（Awards）三项核心工作。

第一，人才取得。找对人才、创造优势。人力资源主管，责无旁贷地要站在经营者的立场来开发人才、推荐人才与选任人才。纵使产业特性有差异，人才仍可分为三大类：能带来订单与客户的业务人才；具备专业知识与工艺能力的技术人才；改善流程提升效益的管理人才。在竞争日益激烈的今天，这些都是稀缺的人才。人才的取得可以因为企业发展需要向外猎聘或是内部培养，能够即时提供力量完成目标才是硬道理。

第二，人才布建。人岗匹配，用其所长。企业竞争是一场团体战，团队组织的力量决定企业的竞争力。高效的人才管理，必须考虑如何在合理的成本下，让团队成员、组织能力与职位岗位迅速匹配。这需要一系列的规划，考虑如何运用智能化的人力资源平台，通过职位管理体系、学习地图、人才电子档案，实现企业人才的高效匹配与调度。所以，如何利用大数据技术串联人才平台成为人力资源的新兴显学。

第三，人才激励。多元报酬与优化体验。激励和留才是人才管理的重要议题，除了将报酬与绩效挂钩的激励系统外，职务升迁、精神激励和员工关爱平台等各种激励工具和管道的灵活运用，从各种角度来改善人才工作环境与优化团队人员的工作体验，会带来更大的工作动能。这不只是给不给的问题，更重要的是让人才感受到"我关心，我在听"的尊重。

数字化是社会发展的大趋势，人才管理也需要重新定义人力资源服务内容，并且因应趋势构建数字化的管理流程；将数字化渗透到人才管理的各个环节中，提升人力资源的服务效能，以促进组织发展与业绩增长。

第七章

员工关系管理

102
善于倾听，多重视角

吴彦

英格卡购物中心集团　全球发展与置业人力资源业务伙伴

无论是面对员工的抱怨，还是业务经理的烦恼或期望，用心倾听是适当回应的第一步，用耐心和同理心去倾听，才可能把握住事情的脉络和症结。多重视角也可以说是多重换位思考，HR往往要站在员工个人、管理者、HR部门和公司层各角度，去思考合理合情并体现公司价值观的最优方案。

103
"与你的伙伴们共舞"

张莉华

固瑞克流体设备（上海）有限公司　亚太区人力资源总监

舞蹈，是用肢体表达的艺术形式。好的舞蹈是舞者肢体配合的表达，即通过大跳、旋转、托举达到共频；好的舞蹈更是舞者气场默契的演绎，即通过眼神、呼吸、气味达到共情。

在组织内，会与你的伙伴共舞的HR才是魅力四射的。既有邀请舞伴入场的自信满满，也有被邀入池的淡定从容。这份自信是台下十年功的积累，这份淡定是朝夕相处的信任。踏着节奏，走跳腾挪，时而跟随，时而引领。

找到舞伴，挑选音乐，搭建舞台，HR，与你的伙伴们共舞。

104
锤炼基本功，勇敢地说"不"

王维瑜
渣打银行（中国）有限公司　前人力资源总监

助人为本一直是很多 HR 秉承的工作理念，我们不习惯说"不"，也不敢说"不"，因为说"不"需要离开自己的舒适圈去面对一些风险，与其得罪人，不如因循守旧。说"不"是要有底气的，HR 的底气就是自己的基本功，基本功不到位就不能帮助他人做最正确的选择；基本功也是信心的来源，它可以对自己所说的"不"负责。HR 部门从人力资源服务提供者转型到战略合作伙伴，越来越精简，靠的就是全方位的 HR 基本功与对核心业务的理解。

总之，锤炼扎实的基本功，学会勇敢地说"不"，只有将时间花在正确的事情上，才能提升你个人的价值，同时为组织提高效益。

105
成就员工就是精进自己

马俊
恒大财富管理公司　事业群总监、人力资源总监

在企业发展的不同阶段，人力资源的同人在帮助他人成长的同时，也要

时刻修炼和精进自己。为员工职业生涯保驾护航，至少需要三个阶段的心路历程。

第一阶段，"传道、授业、解惑"。我们在人才培养过程中，不仅要"授之以鱼"，更要"授之以渔"。

第二阶段，"不以物喜，不以己悲"。在企业的实际工作中，内外部的主、客观因素都不能干扰人力资源从业人员的基本判断。

第三阶段，"待到山花烂漫时，她在丛中笑"。看到组织的发展、员工的成长，我们要有一种发自内心的欣慰和自豪。

人力资源从业人员是可以见证和引导员工在企业全生命周期的，需要伴随共同成长和进步，而且频率和效率要更高。唯有如此，我们才会真正热爱这份职业。

106
沟通没有技巧

张云喻

香港和记黄埔　中国区人力资源副总裁

第一，在认知的王国中，每个人都是自己的国王。

一次培训中做调查，问你们谁曾经真诚地道过歉？举手者寥寥，问为什么？有人给了一个现场最佳答案：没觉得自己真的错了。

在认知王国中，我们都是自己的国王，充分自我肯定和自我认同，很少认为自己错了。我们在和别人有不同意见的时候，总是认为对方是故意或者针对自己，其实这种情况比较罕见，更多的时候，他们也是非常主观地认为自己没有错，如同你也没觉得自己真的错了一样。

第二，你眼中的问题恰恰是别人的解决方案。

曾劝一同事戒烟，说多影响健康啊，他回答，你不抽烟，你不知道这东西有多好。再问，那你为什么抽烟啊？回答，哥抽的不是烟，是寂寞。

突然明白了，要求他戒烟，是拿走了他在寂寞时候的解决方案，我却没有新的解决方案给他，所以戒烟就是这么难。

沟通最没用的就是摆事实，讲道理，这谁不会，关键是，你有没有给别人问题的解决方案。

第三，发现需求差异，找到平衡解决方案。

妈妈有一个橘子，两个女儿都来要，最简单的方案是一人一半，聪明的妈妈问了一句，要橘子干什么啊？大女儿说做小橘灯，小女儿说做橘子汁，于是各取所需，多完美。

启示是，并不是所有的谈判和利益分配都是分大饼，你多了，我就少了，更多的是像分橘子，各取所需。

比如激励人，有的要票子，有的要位子，有的要空间，如果你都用奖金解决，可就大错特错了，而且耗成本。

107
"硬决定，软着落"

Elaine Lin
百特医疗　亚太区人力资源副总裁

"硬决定，软着落"是我一直建议 HR 同人处理员工问题时的宗旨。我们可以做出最严厉甚至残酷的决定，但执行过程中要考虑最小伤害。

公司业务成长的不同阶段都会有转型，结构调整，合并整合，在所有过程中，都会涉及岗位撤销，人员和岗位不匹配，或者绩效跟不上等现象，也会有很多换人、辞退、裁员等举措。当所有的方向确定后，如何使得执行过程顺畅，对员工及其背后的家庭产生最小的负面影响，是考验 HR 的重要标准。

在这个过程中，HR 有几项准备工作要做到位。

第一，对当事人的充分了解，包括员工的技能、绩效、工作年限、周边人际关系、家庭情况、个人发展愿望，甚至员工个人诉求。

第二，讲明原因，是什么原因才导致这次谈话？把原因讲清楚，并告诉当事人这个决定不可逆，没有回旋或商讨的余地。

第三，对于个人的诉求表示理解，并清楚地表明哪些可以商讨，哪些不能。

我们对于当事人表现出来的任何情绪都应该理解和接受，并让员工走过 SARA 过程，表现你的同理心，让你和他在谈话过程中充满信任。

108
在VUCA时代，需要成长型思维的员工

Katherine Fu
追一科技　人力资源总监

斯坦福大学教授卡罗尔·德韦克在她的经典作品《看见成长的自己》（*Mindset : The New Psychology of Success*）中提出了"成长型思维"的概念。通过她近 40 年的研究发现，一个人拥有成长型思维，将乐于学习和接受挑战，并积极地去扩展自己的能力，而这也是未来发展最需要具备的能力。

在当今多变的时代，企业的经营经常会面临很多不确定性因素，竞争也日趋激烈，往往需要进行变革才能更好地顺应时代发展的趋势和满足客户的需求。在这个业务经营调整更加频繁的背景下，具有成长型思维的员工，将更能适应企业发展过程中的人才需求，也会伴随着企业的发展实现个人的职

业发展。

成长型思维是可通过自身努力持续锻炼并养成习惯的。在这个 VUCA 时代，抱着成长的心态，持续学习，终身学习，是迎接未知时代做的最好的准备。

109
HR的核心工作主体是人

张黎

仕珂商业管理有限公司　人力资源总监

企业最重要的资源和 HR 的核心工作主体是人，让人在企业这个场景中发挥最大价值，主动引领公司业务的发展，已经成了当下 HR 最重要的课题之一。

HR 的管理发展经历了三个阶段，即从传统的日常人事事务到人力资源六大模块管理，再到 HR 三支柱模式的转变，HR 在业务中的重要性也越来越显著。

当然，HR 除了帮助业务伙伴解决人员问题，更重要的是从公司战略发展的角度出发，深入了解公司每个员工的背景、特长、经历等关键信息，并主动根据这些信息，将员工重新排兵布阵，组合搭配，产生化学反应，进而提高企业绩效。

在 VUCA 时代，通过 HR 主动性的人员重组及调整，让员工在不同组合搭配下主动产生更多的商业机会和创新。

110
HR的战略重心：以人为本

杨硕

皇家加勒比邮轮公司　中国区人力资源总监

HR 聚焦在"人"身上，让个人与组织共同成长、互相成就，是我作为HRD 的理念。组织和业务的成长是组织内每个个体成长的总和，而每个个体的发展也无法脱离组织和业务的成长。

如何让这两个"兄弟"更好地手牵手一起走，是 HR 的战略重心。

从组织层面来讲，如果我们把一个企业看成一棵树，那么企业文化就是根基，是保证组织吸引并凝聚到志同道合的人才的基础，除非极端情形，否则文化没有绝对的好坏，价值观及动力一致是关键，最适合的人才就是最好的人才；合理的薪酬福利是树干，是吸引人才、保留人才的重要条件和养分，既要马儿跑又不让马儿吃草的方式是不能持续的；有效的学习和人才发展计划和平台是树冠，是让组织这棵大树枝繁叶茂、人才辈出的有力保障；规章制度是修枝打理，是确保大树茁壮成长的工具和手段。

从个人层面来讲，了解自我，激发潜能，让工作成为乐趣，让自己的热情指引自己，回答好我是谁、我想要什么、我为什么要、什么对我最重要、我擅长什么、我愿意付出什么、我能带来的价值是什么、我要去向何方等这些最基本的问题，然后找到契合的组织平台，不断学习积极探索坚持不懈。职业发展是个马拉松，而不是百米赛跑。

简单地说，HR 就是用自己的专业知识、战略性思考，以及前沿的技术工具，根据组织所在的行业特点、市场环境、业务特性、内外部需求等，营造出更适合业务和人才发展的组织环境，同时激发个人的动力和潜能，促进个人和组织的成功。

111
顶尖HR从业者画像

张忆
追星集团　大中华区人力资源总监

走出"象牙塔"进行职业选择时，很多主修语言、经济、综合管理的同学后知后觉就进入了HR的世界。窃喜以为HR是一个不需要专业技能的职业，能一劳永逸，可事实上走到金字塔顶尖的HR从业者必定是需要以下"内功"的。

第一，洞悉人性，深谙政治，拥有企业家精神。组织的最小单元是个体，深谙个体是前提。洞悉人性是指对个体的需求、动机、性格、能力等因素的洞察与掌握。

第二，组织的各个群体都存在不同的利益关系。深谙政治是指认清各层面利益关系，能从不同的利益群体需求出发平衡关系。比如在很多重大变革的背景下，尤其需要此能力的考验，平衡是一种艺术，但也有章可循。

第三，企业最终需要对部分人负责，需要体现其价值回报。HR一把手的脑子里必须得装着一本生意经，管理上必须用一些KPI手段，才能真正向这部分人证明：员工是公司最有价值的资产！简单来说，就是拥有企业家精神HR合伙人。

所以，建议象牙塔里的你开始估摸一下自我，是否具有练习以上三种"内功"的天赋。

如果答案是"Yes"！恭喜你，成功指日可待。

112
好的领导一般都是让下属痛并快乐着

Sophie Liang

立邦涂料（中国）有限公司　前人力规划总监

有压力才有动力，懂得"施压"是领导的必备素质，除了不让下属的"猴子"爬到自己身上，还得勇于指出问题，纠正错误。但"施压"并不意味着只为下属"指点江山"，当一个甩手掌柜，更不意味着唯我独尊。那么，怎样做才是好的领导呢？至少应该做到以下两点：第一，多发掘下属优点，成就下属；第二，激发为主，引导为辅，指导为轻。当工作不再单纯是工作本身，每个人都找到自己工作的意义和尝到成功的喜悦时，工作激情就更容易被激发，即使承受着巨大的工作压力，最终他们也会为成为更好的自己而感到无比快乐。

113
刚柔并济

Heidi Qi

Votorantim Cementos（Brazil）中国区人力资源总监

HR 是与人打交道的工作，包含制度化管理和人性化管理两方面。制度化使组织内的所有人有法可依，制度为每个人提供统一的行为依据，不偏不倚、公开公正。然而，人是多样的，情况是多变的。所谓法不外乎人情，制度的执行需要人性化的思维。而人性化管理无法可依，又需要 HR 从业者具备创新能力，有时需要大开脑洞、苦思冥想，既维护制度的权威又展现雇主的柔情。制度化管理是基础，人性化管理是应用。死守制度将过刚易折，太重人情则失去焦点。刚柔并济，方得始终。

114
打造员工敬业精神

Sarah Fang

Newmark knght Frank　　人力资源总监

员工关系管理的主要目的是使企业在激烈的竞争中赢得胜利。良好的员工关系能够为企业带来最好的竞争优势，能够为企业培养出真正敬业的员工，从而提高现代企业最核心的竞争力——人的敬业精神。

谈及员工的敬业度，似乎觉得缥缈得看不到，也抓不到。让我们用一个员工敬业度的万能公式展示一下吧。即敬业度 = 驱动力 × （职业发展 × 薪酬）。

从公式中可以看出，找到并持续营造员工的"内驱力"，是培养员工敬业精神的重要途径之一。

每个企业都会建立员工的职业发展通路（职级体系），以及员工的薪酬体系。因此，如何找到并激发员工的驱动力，异常关键。每个员工的驱动力不同，要善于观察并发掘他们的内驱力，建立一个平台，并设计相关的激励制度，激发员工在这个舞台上发光发热。

HR 管理者一定要提醒企业老板，不能总是一味地管理或者约束员工，新时代下成长起来的员工已经不再惧怕权威，唯有持续性激发员工内在的驱动力，才能不断提高员工的敬业度，进而实现企业与员工双赢的目标。

115
人性化管理的"换位思考与同理心"

邢茜茹

智云股份　南方前人力资源总监

"你认为的好，不一定是别人认为的好！"往往人力资源管理者认为从理论上和经验上来说这个政策和方案是好的，是成功的，甚至是从成功企业复制而来的。可是在本企业就是效果不好，落不到实处。找了各种各样原因，这些原因是有一定的影响，比如公司员工是不是也认为是好的。这就要求在制订方案与政策前人力资源管理者先把自己当成其他部门的员工，从这一角度来审视与感受方案或制度，同时提出意见与疑问并真实地去感受，坚持规则的同时更人性化地进行管理，相信这样的方案与制度更能落到实处。换位思考与同理心会使人力资源部门更好地辅助公司做好员工的人性化管理。

116
善用结构模式和问题做好促导和教练

卢伟文

Gabriel & Co　人力资源总监

作为人力资源高管，要扮演好战略伙伴、内部顾问和变革代理的角色，少不了常常要做好促导师、辅导员和教练的工作。个人最喜欢的一个结构性模式，既简单易用，又能适用于多种目的，包括战略规划、职业生涯规划辅导、问题解决、创意思考、高管教练等都提供了一个清晰的思路。

这个结构性的方法就是依顺序提问四个问题：一是你要去哪里？这是针对进行研讨课题的目的和目标，举例来说，战略规划就是企业的远景和使命，事业发展规划就是个人的人生和事业目标。二是你现在在哪里？企业或个人的现状，如战略规划的内外部环境扫描 SWOT、个人强弱项分析。三是你怎么去那里？达到目标的方法，如企业的战略和平衡计分卡、个人发展计划等。四是你怎么知道正在前往那里？行动计划进度的跟进、战略执行和交付物、关键绩效指标的评估、项目里程碑的跟踪等。

这跟教练的 GROW 模式是基于同一个逻辑架构的。这个模式要运用得好，人力资源高管必须懂得问好的问题。例如，你的目标是什么？现在面对的主要挑战和"痛点"在哪里？你的主要竞争力是什么？你有什么强弱项？主要的机遇和威胁是什么？基于这些诊断，可以帮助你达到目标的主要行动是什么？行动时会遇到什么挑战？你会怎么克服这些挑战？你会如何评估进度，以及阶段性和最终成果？

个人觉得，作为一个人力资源高管，或者其他领导者，最大的挑战是如何在你丰富经验的基础上，抗拒马上给答案的诱惑，能够与伙伴一起建立方案，建立主人翁精神和承诺。

117
处理员工关系中的ABC法则

陈舒

李锦记健康产品集团　前人力资源业务合作伙伴总监

相信各位 HR 的朋友在处理员工关系时，都遇到过这样的场景：要与员工协商解除劳动合同时，有一些员工就是不同意。HR 应该如何应对这个问题，我们尝试着从另一个角度去思考。

可以借助著名的 Albert Ellis 的心理学情绪 ABC 理论。"A" 指的是诱发事件，即提出协商解决；"B" 指的是员工心中的信念体系；"C" 指的是情绪和行为结果，就是"不同意"。

通过情绪 ABC 理论可以发现，虽然员工的情绪与行为结果 C 受诱发事件 A 的影响，但诱发事件 A 不是情绪结果 C 的直接诱因。在 A 和 C 之间存在的信念体系 B 在很大程度上决定了情绪和行为结果 C。据此可知，为什么有些员工在协商时可以愉快地接受，而有一些员工就是不同意，甚至演变为劳动仲裁事件。如何解决好此类员工关系问题，就要从 B 入手。

根据我多年的经验，不同意协商的员工一般有以下三点认知。第一，员工认为解除劳动合同，是对他不公平的行为，公司是一个坏公司。第二，情感上，员工无法接受解除劳动合同造成的伤害。第三，员工认为解除劳动合同给将来的生活带来了巨大的不确定性，因此感到特别焦虑和痛苦。

HR 可以做的事情，就是要尝试改变员工的非理性信念体系。谈话的重点在引导员工走向理性思考，走出被害者心态。而不是强调法规，让谈话陷入困境，或者让员工带着怨恨离开。

希望每位 HR 都懂点心理学知识，帮助员工成长。

118
HR是企业中的"教练"

Annie Yuan
拉布兰德集团　人力资源总监

我们是企业中的"教练"，即启发员工找到问题根本原因从而共同探索解决方案。

经常有同事会找 HR 诉苦，遇到了什么样的困境，但是自己无法解决；或者是纯粹地向 HR 抱怨某件事情不该这样，不该那样。

要让这些同事能够调整好心态正确看待问题，我会建议 HR 以引导式的方式让员工真正意识到存在的问题，并试图让他们自己找到解决方案。在这里，我们可以运用 GROW 模型作为指导方针。通过以下这些问题来启发员工。

你的目标（Grow）是什么？现状（Reality）是什么？摆在面前有哪些机会（Opportunity）可以改变现状？就目前情况而言，可以采用哪种方式推进（Way-Forward）？

通过这样的发问来帮助他们意识到问题，从而采取行动解决问题。这要比 HR 直接给出解决方案好百倍。

119
待人以诚是领导力的关键要素

Billy Liu

阿克苏诺贝尔 北亚区人力资源负责人

通常认为，领导力是一种技术含量很高的能力，也是一种艺术。在职业生涯发展过程中，我们有可能会被各种领导力学说或理论所困扰，有时会无所适从。其实，领导力并不复杂，更不是高不可攀。

家庭装修中有一种比较流行的北欧极简风格，而真正可以把握这种风格的都是有经验的设计师，因为简单的线条和结构里蕴含着对高品质生活的理解和追求。领导力也一样，高超的领导力其实是简单的，待人以诚，就是领导力的关键要素之一。

工作经验告诉我，只有真诚地对待自己的团队，我们的团队才会以持续的真诚对待我们。当彼此以诚相待，一切都会变得简单。和当政者关注民心向背一样，领导者应该首先关注的是怎样赢得团队的人心，而其中的"秘诀"就是将心比心，以心换心，也就是待人以诚。

领导力其实就这么简单，它源自真诚，只有真诚，领导力才是最强大的！

120
和谐——人力资源工作的最高境界

沈骥
河南睿逸网络科技有限公司　人力资源总监
河南力通水务　人力资源顾问咨询师

企业中的劳资双方关系，是社会的重要组成部分。然而，"欠薪""讨薪"的不和谐声音经常见于各类媒体上；同时，员工短视、逐利的无情心态，也让老板们不胜其烦。

身处其间的 HR，游走于劳资双方之间，为彼此和谐奔走努力，付出的辛劳非常人所能想象。其心志可叹，其行为可赞，其结果却未必如愿。因此，能为之终生职业奋斗的 HR，值得尊重。HR 是一架天平，一头是员工，另一头是老板。如何实现利益均衡？如何化解劳资双方的矛盾？除了专业的能力外，更多的是人情世故的理解，解决实际问题的能力，还有就是一颗帮助人的心，一个创造和谐社会环境的胸怀。如此，便是人力资源工作的最高境界。

121
做有原则的"老好人"

Sophie Liang

立邦涂料（中国）有限公司 前人力规划总监

职场中对"老好人"的讨论从不间断，无论是职场还是生活，大部分人都希望听到赞同以及肯定的声音，这是人的天性。但如果一味以"Yes"来顺从对方，且不说是否能得到对方的认同和尊重，难道自己真的没有被听见的需求吗？那么，如何试着成为有原则的好人？所谓有原则的好人，就是建立边界以及原则并让对方了解，在边界之内给予积极支持，在边界之外则见机行事。因此，当出现越界的情况时，对方不会因为你说"不"感到不满，你也不必因此感到内疚。而在边界之内双方则更容易达成共识互相成就，最终实现双赢。

122
掌握专业是基础，洞悉人性是关键

黄磊

湖南乡乡嘴食品有限公司 总经理

人力资源的核心是把人视为资源，其本质是把人当成根本。人从出生就追求两个原始情感要素：成长发展和相互信赖。两个原始情感要素有时候又是对立的，人力资源体制和机制就要引导两个原始情感要素的协调，站在对方的立场来要求自己。所以，我们要站在企业、同事、顾客、供应商等相关利益者立场，以利他的精神来要求自己，用专业来解决对方的问题，促进对方成长，但要做好就必须洞悉人性。唯有如此，方可推动企业组织和人才发展，方能更好解决发展中这两个原始情感要素的矛盾，协调性地发展和满足两个原始情感要素。

123
先做"好人"，后做"人事"

徐亦兵

纽威品牌公司　亚太区人力资源总监

　　一晃，从事人力资源工作也三十年了，其间深刻体会其中的甜酸苦辣、五味杂陈，短短几百字无法详述，在此就分享一个我认为非常关键的体会，就是如果想成为一位合格的人力资源从业者，首先应该成为一个"好人"，之后才可谈能成为一个真正的人力资源业务伙伴。

　　在科学、技术飞速发展的当今，要获取、学习人力资源的最新理论、知识已经非常容易，但一个需要大家思考的问题是，我们是否能够在管理者、业务经理和员工的眼中做个"好人"？具体地说，就是人力资源的从业者是否"三观"正，是否值得员工信任，是否能成为管理者和员工之间的桥梁和咨询师？试想，如果在员工的眼里 HR 只是老板的代言人，我们还能帮助企业提升员工敬业度，实现变革有真正的价值吗？如果在管理层眼里，HR 只是他们一个执行上级意志的工具，我们还是他们的业务伙伴吗？

　　我认为一个企业和管理层需要的合格的人力资源从业者，应该是那些认同企业价值观，了解业务，洞察员工行为的专业人士，是那些能够给管理层和业务经理提出深刻思考、有建设性意见的专业人士，甚至包括反对的意见。而在员工视角，HR 是值得信任、愿意聆听心声并能给出有价值意见和解决方案的专家。

　　人力资源的工作看似人人都能做，但真正能做好的并不多，尤其那些 HR 的负责人。只有做好日常的点滴工作，才能逐步建立起 HR 部门和个人的良好形象、口碑和影响力，从而实现我们在企业中的价值。

第八章

业务管理

124
人力资源管理要真正贴合业务发展和企业实际

孙群涛

某医疗集团公司　人力资源总监

很多人力资源从业者都清楚自己的工作要顺应企业的发展，做业务的好伙伴，但现实中又有种种不适应，感觉自己学到的理论无用武之地或者自己的工作不被重视……人力资源管理理论都是在从不成熟走向成熟中逐步总结和发展起来的，追求完美本无可厚非，但认真想一想，完美或许只体现在某一个节点或者某一种状态下，管理的发展、完善和进步一直都是动态前行的。一个初创型和中小型公司完全照搬世界五百强大企业的管理体系；又或者一个体量大规模大的企业让自己在日复一日年复一年的流程中磨平很多管理者的敏锐度等都是值得我们警醒的。对人力资源管理者来说，理论和实践一定要结合起来，要以发展的眼光来看待企业和人力资源管理中出现的问题，既要实际地去解决好企业出现的问题，又要关注内外部环境且要有系统化的全局思考，人力资源管理才能真正贴合企业实际、支持企业发展、优化战略调整和壮大公司规模。具体到一个现实中的场景，我们都知道企业要找优秀的人，那去招聘的那个人或者团队是不是也应该很重要、很优秀才可以呢？我们自己是否可以承担得起这样的使命和任务呢？

125
知己知彼，方能所向披靡

班哲

北京汽车集团产业投资有限公司　人力资源总监

都说不懂业务的 HR 不是好 HR，怎么才叫懂业务？大家往往关注企业内部的战略和业务，努力给出系统性和专业性的意见。然而，我觉得更重要的是要前瞻性地做好行业外部机构的对标和分析。充分了解本行业头部机构在战略、业务、组织、机制、人才等方面的策略和先进做法，去粗取精，分析判断之后用于指导和优化本公司的实践，知己知彼，方能所向披靡。当然，在你对一个行业的战略和机制有了全面系统的了解之后，你的内核价值也会得到显著提升，在这个明码标价的时代，你的价值也一定会被行业所认可。

126
勤用脑，多思考

成水英

茂硕电源　人力资源总监

不管是在工作中还是在生活中，只要我们多思考，就会找到一些更适合、更有效的方法。工作中，我们不仅要按既有的流程做好工作，更多地应该思考如何提升效率，因为工作流程是可以被不断优化的，我们可以思考现有流程哪些可以修改，哪些可以简化。生活中也同样，我们可以思考哪些事情可以并行处理，哪些事情只能单独处理。最后把腾出来的时间进行学习或做其他更有意义的事情。勤用脑，多思考，不仅能提升个人能力，还能提升个人生活质量和幸福感。

127
把目标设在够得到的地方

顾燕

德国霍夫曼公司，亚太人力资源总监

我喜欢把目标设在"跳一跳，就能够到的地方"，这样的目标既有未来指向性，又富有挑战性。

通常情况下，业务有"痛点"才会找到HR，比较简单的做法是，开个"HR处方"，然后"头痛医头，脚痛医脚"。

我经常问的问题就是："那你的期望是什么？"当图片被反转，业务的"痛点"被随即变成了希望看到的"理想画面"，我们也随之看到了更多的解决方案的可能性，然后经过分析探讨，从长远发展考虑择优选用。

制定了目标，就要专注地去行动，可以因地制宜，但是不能止步不前。

128
HRBP如何懂业务

陈舒

李锦记健康产品集团　前HRBP总监

HRBP作为业务伙伴，通常都需要HR有懂业务的能力。因为这样才能及时、有效地帮助业务发展，解决各种人的问题。

可如何能懂业务呢？如何看懂业务策略呢？如果要真正搞懂，必须从业务的底层逻辑开始，就是真正理解公司的产品逻辑。因为没有合理逻辑的产品是没有生命力的。如果一个业务的核心——产品都有问题，谈何用HR的手段帮助业务的发展呢？

了解产品逻辑有两个方面要深入研究：一是产品如何满足客户的需求；二是产品是否能让员工有足够的收入，去养家糊口。

只有产品逻辑合理，特别是第二点，这个产品才有足够的销售额和利润，才能让员工有足够的收入，HR才能去探讨用什么手段去解决人的问题，如激励、考核等。如果没有合理的产品逻辑，请先解决业务的产品逻辑问题。否则，HR无论用什么工具和手段都无法解决问题。

129
从业务部门需求而非专业职能出发

Yolanda Du

点金平常金融信息服务　销售副总裁、前人力资源总监

现实中，HR专业人士最喜欢在他们的专业象牙塔里，为业务部门制订"需求"，并针对这些"需求"设计各种解决方案。他们将专业的追求当作终极目标，把大部分心思花在如何把管理工具和技巧琢磨得更加完美上，而忽略了业务部门要的是什么。

麦格雷戈（Y理论的提出者）提出，职能部门需要为业务部门提供协助，其与业务部门之间是专家与客户的关系。而且"协助"应当由"受助者"决定。

HR必须非常清楚谁是受助者，以及他们将从HR部门的服务中得到什么协助。对于HR部门而言，最要紧的不是宣布一项政策、公布一项计划，而是要考虑清楚，受助者从这些活动中得到了什么。价值由受助者决定，除非他们认为HR部门的服务创造了价值，否则HR部门的工作就毫无意义。

若想为组织创造价值，HR必须跳出专业的深井，重启思维，回归简单。在组织中找到正确的定位；在为组织设计各种解决方案时，从业务部门需求而非职能专业出发，避免过于高端和完美，方便落实到日常工作中，并使其有效执行。

130
要从组织能力角度深刻洞悉业务

汤伟

碧桂园集团 人力资源高级总监

看一个例子。

为了一个地产公司搭建投资团队，完成投资目标。

HR1：配合投资负责人，帮助搭建团队，清晰权责，协调关系。

HR2：配合公司总裁，牵引投资负责人，回答人的能力是否足够，组织环境是否利于发挥，并给予解决。

做的事情似乎差不多，但 HR2 是战略伙伴，因为 HR2 对业务负责。

总裁说："我的战略目标是……"

HR1 说："那组织和人需要发展成这样……"

HR2 要从组织能力角度深刻洞悉业务，领先业务半步，赋能团队使其能力提升。

131
快速支持区域业务发展

杨强

旷视科技 华南大区HR负责人

HR 如何快速地从 0 到 1 地去支持区域业务发展？

第一，分析区域或者当地的商业环境是否适合业务落地。

第二，调研人才情况，高端人才储备、基础人才基数和友商团队情况。

第三，了解政策优势，做好区域阶段性战略投入规划。

第四，区域HR要和总部做好前后端搭档，前端贴近业务，快速响应的同时及时反馈情况，后端做好政策和流程规范，及时赋能。

第五，区域业务落地一定要先明确自身价值，最好快速商业变现，其次才是承接总部或一线团队的内部需求，最差也要打造区域成本优势。

132
首先是人，然后才是资源

杨正瑞
华纳糖果　前亚洲区HR总监、通力电梯　前大中华区HR副总裁

在人力资源众多角色和职责之中，业务伙伴无疑受到越来越多的关注。通过建设和提升组织能力以支持和推动企业的业务发展是HR的核心价值，因此把员工当作"资源"似乎是顺理成章之事。然而，人力资源本质上是不同于其他资源的，人力资源首先是"人"（human），然后才是"资源"（resources）。要想真正做好业务伙伴工作，为业务部门提供高效的人力"资源"，就必须做好"人"的工作。理解人性、尊重人性是一切强大组织文化的基础，在这方面我们可以从圣人们的话里得到智慧。

"己所不欲，勿施于人。"人性有很多共通之处，比如被尊重、被聆听、追求公平公正等需求，即使不同地域、不同文化的人之间亦然。如果说人们期望HR是企业的良心，那么用这一点来检验我们的思想和行动是很有帮助的。

"此之甘露，彼之砒霜。"在今天的工作场所，理解和尊重个体偏好和差异，对于建设一个包容性的企业文化、鼓励不同声音、推动创新都是很有

意义的。

我相信只要谨记和领会孔子和庄子前文的十六个字，我们就会比较好地做好"人"的工作，赢得尊重，建立信任，为我们进一步管理好人力资源奠定扎实的基础。

133
深入了解业务，既要"踩好油门"又要"踩好刹车"

夏煜淳

工牛网络科技 人力资源总监

企业或者说业务的管理最终会落实到人的管理上。HR团队作为公司人员管理的抓手，需要深入了解业务，既要"踩好油门"，又要"踩好刹车"。

在业务发展中，公司更多的是抓几个业务点：一是业务快速扩张；二是产品、服务、技术的研发与优化；三是流程运营的建设与优化。这些都需要人力的支持，HR团队需要快速为业务做好优秀人员的供给，团队能力的提升以及团队人员的优胜劣汰，就是我认为的"踩好油门"，需要注意的是，这里我们说的是"踩好油门"，意味着这些动作不只是要HR觉得好，更多的是需要业务部门觉得有价值，这就需要HR深入了解业务。

在深入了解业务过程中，我们势必会发现业务的一些"非正常增长行为"，虽然业务在增长，但人效低，业务通过盲目扩张团队来支撑业绩增长；人力投入产出比持续走低；团队管理幅度持续低于行业均值等，这时候我们需要及时为业务"踩好刹车"，通过合理的评估人力产出比、胜任力模型的重构、薪酬绩效结构的优化、组织结构的重构等去给业务适当地"踩好刹车"。

我们需要了解HR的行为动作在不同的阶段目的是不一样的，深入了解业务，适当地"踩好刹车"是为了更好地为业务"踩好油门"。

134
HR用户体验

杨亚静

中电文思海辉　中国行业事业群副总裁

人力资源从业者经常被业务团队抱怨不干实事儿，满腹委屈的 HR 控诉无门。其实有一把可以"解决不干实事儿"的钥匙，就是把需求分析这项工作做好。需求分析是一项必备技能，更是一种态度，分析动作是要在调研和评估需求的基础上提供行之有效的解决方案，并得以落地实施直至达成预期的目标结果。而这中间的所有干系人的有效体验反馈综合起来就应该是我们工作围绕的重心。在做好基础运营支持工作之上，多关注需求分析，诊断出关键问题，打开沟通的大门，如此才能真正进入战略业务伙伴层面助力业务价值创造。

135
HRBP（人力资源业务合作伙伴）的定义

吴琼

中智关爱通　人力资源高级总监

Dave Ulrich 曾经这样说过 HRBP（人力资源业务合作伙伴）："需要'里

子'也需要'面子'，左手战略、右手变革，上可倡言、下可执行。"

我们怎么理解这句话呢？既是小棉袄，又是军大衣。上可九天揽月，下可五洋捉鳖。

做好人力资源业务合作伙伴讲求一个"悟"字，竖心旁，代表一个人作为组织的一员，"五"代表五官张开接收一切信息，然后"口"用以表达。在聆听的同时需时刻保持一个开放的心态，拥抱变化，用心聆听。

在"望、闻、问、切"后，需要做恰如其分的诊断，做到举重若轻必须"知其然，知其所以然"。在瞬息万变的当下，如何能够平衡过往的经验、跳出固有的流程化思维，以结果为导向，以客户为导向，以终为始。做事需要有理可循、有据可循，更重要的是走心。

人力资源业务合作伙伴不但需要理解业务，用业务的语言描述，更需要对未来的发展做出预判，如此才能被称为真正的业务伙伴。人力资源业务合作伙伴不是一个人在战斗，建立与业务之间良好的互动关系，与业务联动、借力使力，通过业务部门驱动，真正做好人力资源业务伙伴。

136
努力成为业务信赖的合作伙伴和创新引领者

舒超
上海中科新生命生物科技有限公司　人力资源总监

人力资源部在一些企业经常被划入辅价值链部门，支持和跟随企业的业务发展。事实上，人力资源的价值并非仅此，核心的价值应是赋能员工，优化激励分配机制，最大化激发员工的内驱力，提高组织绩效，促进企业的战略落地。

每一位人力资源从业人员都应该拥有业务经营思维，跳出人力资源体系本身，从组织经营角度来做好人力资源管理。

进入人力资源行业的头几年应扎实自己的专业知识，贴近业务，使用人力资源专业的方法论解决问题，成为业务信赖的合作伙伴和业务创新的引领者。

137
走进业务，功夫在平时

Rosa Ren

应世生物（上海）科技有限公司　人力资源总监

HR从来不是救火的工作，既不是政策传递的工具，也不是人云亦云的傀儡。走进业务是实实在在地感受员工工作的一天，真正地用眼睛、耳朵观察员工在干什么。走进业务是参加业务会议，阅读各式报表尤其是财务报表，清晰公司的市场定位、业务趋势和运营常态。功夫在平时，这些一点一滴的积累，微观上可以掌握员工动态，宏观上可以理解公司决策。等做好业务的诊断、员工的发展、公司目标的契合，所有的答案就呼之欲出了。

138
做公司创新的"助推器"

Anthony Cheng

富信集团　前大中华区人力资源总监

记得公司在提到创新时，高层领导处在主导地位，但时至今日，公司的创新已经不单单是他们的职责。公司的创新由自上而下向自下而上迁移。十五年间，人力资源工作也发生了重大的变化，从模块变成支柱，正是这种变化让 HRBP 成为公司创新的"助推器"。

HRBP 首先聚焦所服务的部门业务，通过识别、判断，提出合理建议等方式来辅助部门的创新。

所谓识别，是指 HRBP 可以通过与员工高频的沟通，从而发现公司产品／服务真正的问题所在，通过敏锐的感知，反馈给部门或高层领导。

所谓判断，是指 HRBP 对员工提出的五花八门的建议，基于对业务的深刻了解，判断哪些可以实施，哪些不能实施。

所谓提出合理建议，是指 HRBP 基于对业务的深刻了解和对部门现有人才的准确评估，参加核心业务会议时，提出自己对于某些提案的建议。

以上三种工具，给了 HRBP 作为公司业务创新的"助推器"更多可行性。

139
识别团队高业务潜力的三个标准

杨挺伟

百利科技　人力资源总监

业务团队是负责公司的经济收入来源的团队，也是公司重要的团队，如何判断一个人具备良好的业务能力或者潜力主要看以下三个标准。

第一，要能够放下面子，但凡能够放下面子的人都能看破面子是阻碍自己发展的一道墙，一旦把这堵墙推倒了，很多发展桎梏也就破除了，能够认识到这点的人，智商和情商都会高人一筹，能够不把自己当回事，把目标当美女追，好客如好色一般，不能放不下身段、瞻前顾后、顾及别人的态度和议论等。

第二，对钱感兴趣，听到钱像打了鸡血一样，你可能会说，谁不是这样啊，但实际中，有很多人提到钱提不起兴趣来，对钱的激励没有兴奋点，比如绩效考核会增加多少，他就没有兴奋点，感觉一份稳定的工作比冒险或者放下面子求人更重要，这样的人比比皆是。所以说，如果你本人好面子又对钱的激励不感兴趣的话，基本决定了你成不了业务高手，更不适合创业。

第三，逆商，就是对逆境和挫折的承受力。成功的道路上每个人都要经历数次探底过程，这也是你要交的"投名状"，这些投名状有的是放弃你的尊严，放弃傲慢，放弃自我，放弃孤傲等，有些人交不了或者交了但是交得不够彻底或者交的不是成功想要的，那就多交几次，如果交对了，成功就会给你几把钥匙，包括客观、勤奋、格局、反思等优良品质，所以在公司内部选拔和培养业务能力强的人或者选拔未来能够成为公司业务骨干的，在这方面多审视，就会很快找到自己需要的人。

140
要懂业务

Michelle Xu

威普罗　大中华区人力资源总监

HR 的工作从来都不是一个人就能完成的，需要团结全体员工才能完成。一个好的 HR 一定是懂业务的人，即了解行业发展趋势、清楚业务变化方向。只有具备了与管理层沟通的基石，才能制定出符合企业需求的制度流程，制订出有实际意义的项目实施方案。换句话说，这样才能让人力资源管理真正对企业有用。

能针对企业"痛点"给出解决方案的 HR 自然能得到管理层乃至全员的支持，能最大化地团结队伍向既定目标前进，能收获一份愉快且有成就感的职业生涯。

141
把握跨境电商大趋势

Inchy Yin

以星航运 中国区人力资源总监

近期，消费者对网络的需求发生了变化，跨境电子商务的出货量强劲。

2020年全球新冠肺炎疫情下的互联网跨境电商物流服务行业蓬勃发展。人力资源不断地收到四面八方要求改变管理模式的呼声。是的，曾经的工业时代的经典管理模式在现今这种复杂多变的环境里显得越来越无力。站在年轻的同事中，他们表现出的创新欲望和不断改变的能力，让我深深感受到在迅猛发展业务的推动下，企业管理模式需要变革。随着互联网跨境电商平台的不断发展，电商物流服务企业激活员工个体，组织升级网络，达成客户目标，我们不断制定实践修正管理体系，激活每个个体，提升组织战斗力。改变雇佣关系，合伙人制度，开店导师、直播主播、新媒体版主、新航线网络策划师，视角不同，结果不同！世界始终不变的是变化。我们顺势而为，配合转型，转危为机，否极泰来！

142
先懂业务，后做伙伴

Leo Li
广州宏途教育网络科技有限公司　首席人力资源官

放眼今天，不懂业务的 HR 很难成为优秀的 HR。不懂业务有两种类型：一是只专注 HR 本身的专业领域，并以此为傲；二是会关注业务层面的事情，但知其然而不知其所以然，无法做到换位思考和同频沟通。当然，这并不能说 HR 的专业度不重要，但不懂业务会导致不接地气和闭门造车。

如何才能做到懂业务，有如下几个标准。

第一，理解业务的本质和运作逻辑。理解有三个层次：一是了解公司所在行业发展，包括发展趋势、行业分工链、同行优劣势、政策法规等；二是了解公司本身的经营模式，包括公司如何赚钱、业务运作流程、内部分工等；三是业务单元、部门内部的分工、价值输出、业务流程等。

第二，知晓业务发生了什么及问题所在。HR 肯定不比业务部门，能掌握更多业务信息，但至少可以了解业绩目标及进度、关注的重点和碰到的问题及如何解决。问题包括业务层面和团队层面，即"事"和"人"。

第三，站在业务角度换位思考及同频沟通。通俗点说，就是代入对方的角色去思考和表达。如此便能与业务打成一片，无缝合作。要注意的是，保持 HR 本身应有的角色和立场。

只有做到以上几点，才能扮演好"业务伙伴"的角色，真正推动业务或帮助公司解决问题，发挥价值，成为既接地气，又有专业的 HR！

143
HR业务伙伴的三个层次

Rick Tang

积加科技　人力合伙人，亚马逊AWS业务中国区前人力资源高级经理

第一个层次：看山是山，看水是水。

这个层次的"看"，就是和业务同事沟通，参加业务会议，向资深HRBP前辈学习"取经"，研究业务数据，梳理胜任力模型，关注市场上的公司动态。

"山水"，指的是数字化的业务与模型化的人。山是由等高线构成的平面图，人是贴着胜任力和绩效数据标签的画像。

第二个层次：看山不是山，看水不是水。

第二个层次的"看"，就是发现越来越多具备胜任力的员工做不到，做不成，做不好的事，发现优秀的人在一起不一定等于有成功的业务结果。于是和客户聊，和同行聊，向岗位候选人以及行业里资深的前辈请教，研究对手为什么可以在某件事上超越我们。研究优秀的人和成功的结果之间还差什么。发现原来人在一起之所以能成事，更多的还是因为最大化了人性的积极因素而最小化了消极因素，发现组织和行为之间的关系。

第二个层次的"山水"，就是明白自己之前看到的，只是三维的业务和人在二维（数据、指标、KPI、简历、述职报告）上的投影，开始勾勒还原三维的投影源本身。

第三个层次：看山还是山，看水还是水。

这个层次的"看"，就是看一群人的群体行为特征（文化），看这个（文

化）是如何影响他们从协同做好一件事，到做好每一件事的。

这个层次的"山水"，就是明白了投影源的构成，业务还是那个业务模式，人也还是那些人，之所以成为山而不是平原，是因为当组织内部出现了一个选择不断进取（提升高度）的小群体时，这个组织会适时进行微调以顺应这个变化，从而激发更多的小群体出现，进而达到量变引发质变的结果。

144
HR"一把手"最好从业务起步

Felicia Chang
IPG　人力资源副总裁

人力资源的工作可以很基础，也可以很深奥。基础在于它要解决员工的基本需求，比如薪资是否计算正确，作为雇员的权益是否得到保障，也要解决业务的基本需求，比如是否招到合适的人。深奥在于常说的人力资源工作所对应人员的"选用育留"，每个环节要做好都要花很大的功夫，而且没有包治百病的良方。

基础工作入手并不难，只要肯学习，踏实认真，掌握基本的沟通技巧从基层工作做起。随着阅历的增加、经验的积累逐渐发展自己的职业方向。

要想把人力资源工作做得深入，一定要和业务结合，了解公司的业务模式及发展方向，从业务角度出发找到适合公司发展的人才策略，并制订与之匹配的薪酬、招募和培训发展计划，而且要根据企业的不同发展阶段做出调整。这也是为什么有些企业人力资源的一把手是从业务部门调过来而且做得也非常成功的原因。

145
HR的业务为宗，实践为形

Yuanyuan Chen

仙豆智能　高级人力资源总监

聚焦业务目标，关注组织中每一个鲜活的个体以及个体链接的方式，正是 HR 实践的核心。关注个体，意味着我们要扮演聆听者、观察者、鞭策者、保护者等多元角色；关注员工的心和大脑，但不束缚员工的手脚。关注个体链接的方式，意味着我们要关注个体之间互动的方式，包括体系、流程等能够帮助个体更高效达成目标的方式路径，但又在关键时刻勇于打破桎梏个体链接发挥能量的流程。以上两点，搭配我们对业务的到位认知，做出符合业务需求的 HR 工作，在过程中不断自我审视，修正认知，迭代进步，成为更好的自己。

在存在高度不确定性的当下，保持好奇开放，心中有人，脑中有路，才能与业务"雌雄同体"，实现目标！

146
用业务部门的语言工作

张成强

哈尔滨哈银消费金融有限责任公司　人力资源部副总经理

做人力资源工作，最怕的莫过于业务部门的不理解和不支持。很多 HR

特别不能理解的就是，老板口口声声说人力资源很重要，但每次人力资源部和业务部门同时找到老板要解决问题，老板都会第一时间解决业务部门的问题，而部门之间产生了冲突，老板也会坚定地站在业务部门那边。那么，如何才能获得业务部门的理解和支持呢？最重要的一点，莫过于用业务部门的语言工作。

第一，深入地学习业务知识。作为HR，也许不必像业务部门的人员那样做的面面俱到，但是对于整个公司的业务价值链条还是应该熟练掌握的，一方面反映你对公司业务的熟悉程度，另一方面也能够让业务部门感受到你对部门的重视，试想谁不愿意去和一个自己非常熟悉的人交流呢？

第二，明确并做好自己的定位。HR部门到底是管理还是服务，抑或是二者兼有，如果HR单纯地认为HR部门是个管理部门，那么可能你就变成了官僚HR。HR只有明确了自己的定位，才能更好地工作。要知道，HR永远都不是前台部门，简言之，聚光灯永远都不可能聚焦在这个部门，所以在工作中，要勇于当绿叶，做好配角，该做服务的时候要做好服务。不下战场，不参与业务部门的活动，怎么会理解业务呢？不理解业务，你做出来的人力政策也只能是空中楼阁，推行不下去，最后只落得让人诟病，不接地气的结果。

第三，唯一不变的是变化。选择做HR的人通常是害怕变化的，这是由这个职业的属性决定的，大部分的HR都是追求稳定的。但是面对这样的VUCA时代，面对快速变化的部门业务，HR部门不变行吗？HR要想获得支持，就必须配合业务部门进行快速的变化，不要总是抱着一个保守的心态来面对变化，要积极地和业务部门探讨，迅速跟上变化的节奏。

做好以上三点，用业务部门的语言和业务部门沟通，真正让业务部门觉得HR是可信赖的伙伴，大家对HR也就会更加理解和支持。

147
要做懂业务的HR

陈小晶

神州信息　南区人力资源总监

懂业务的 HR 要做到以下几点。

第一，要尽可能与业务保持思维一致，听得懂业务的语言，清楚业务的逻辑。

第二，尽量多参加业务会议，这样才能知道业务的"痛点"在哪里，才能通过 HR 的视角帮业务"看病"，进而"对症下药"，然而很多时候业务遇到的问题是业务本身的问题，不是人的问题，也不是组织的问题。

第三，要持续与一家公司共同发展，招聘是最好介入的模式，通过招聘入手，有机会再涉足全盘，或者专业化深耕。

第四，HR 工作是一个有情怀的工作，要能耐得住寂寞，守得住芳华，控得住欲望，坚守住底线，最后还要有一颗强大的内心。

148
人力资源工作者应具备业务思维

李智远

广东园方集团有限公司　助理总经理兼人力行政总监

从行业内人力资源高级职位人选背景的情况来看，业务出身转 HR 的往往比职能部门出身的 HR 在理解业务、支持业务方面更具优势，也更易于从经营的角度来进行管理，从而获得业务部门和高层领导的认可。可以说，人力资源管理工作者具备业务思维，是实现专业价值的重要基础，具备业务思维可以跳出人力资源看人力资源的思维，可以避免为了管理而管理。

HR 如何才能具备业务思维呢？可以从以下三个角度来解决。第一，从哲学的角度去思考业务。可以提出三个问题，公司的主营业务是什么？这些业务在价值链中承担什么任务？这些任务如何展开？第二，从组织的角度去理解业务，可以提出四个问题。企业应该设计怎样的组织系统适应业务？企业需要的业务人才具备什么特征？这些人才从哪里获取？如何激发人才队伍的创造价值的活力？第三，从业务成果的角度去深入业务，可以提出三个问题。HR 所服务的业务部门工作成果有哪些？如何判断业务成果是否满足企业目标要求？如何改进业务部门的成果输出？如果以上的问题都能够得到满意的解答，就可以认为是具备了业务思维。

149
真正的OD是什么？

鞠菁

黑瞳科技集团孵化公司　联合创始人

近几年 OD 一直被吹捧得很火，但是真正的 OD 是必须基于对公司整体战略以及业务产品、发展有深刻的了解与认识的基础上，结合企业特有的文化才能做到灵活变通，而不是一味地模仿复制，照本宣科。

同样是地产企业，商业地产为核心的公司与住宅地产为主营业务的企业，其组织结构也是有很大不同的。

同样是电商公司，阿里的文化底蕴使 OD 与拼多多的有天壤之别。

HR 六大模块，无论哪一个，都不能脱离业务、脱离产品而独立存在。现代的 HR 要有业务头脑与思维，如此才能做好人力资源而不是人事工作。

150
HR如何"很有用"

Robin Hu
祥源控股集团酒店板块　人力资源业务合作伙伴

首先分享一个观念：一般企业 HR 成长体系都是从无到有，之后再想办法让 HR 体系对企业起作用，而真正帮助业务成功的 HR 才是"很有用"的 HR。

这个阶段的 HR 体系显性影响力可能已经很淡了，这时候 HR 帮助业务成功都是在润物细无声中进行的，业务上可能并没有感觉到 HR 的存在了。当然，如果很多业务管理者对 HR 的思路很熟，HR 的工具、模板用得也很熟。这时候他可能已经很少需要 HR 的支持和帮助，就能把团队做好，把业绩做好。这种情况下，这就是个成熟的团队。HR 对他的支持其实就变得不是必需的了，也没必要非要强调 HR 的存在价值。好比很多创业团队，即使没有 HR 团队的帮助，也能做得很成功。像阿里巴巴、腾讯等互联网公司，这几年也在倡导大公司的平台、小公司的运作模式。就是希望小团队能按照一个创业公司的方式去运作，完全自由地去发挥，对这样的团队，我们的 HR 体系会有很大的灵活性。

所以要做到"很有用"，HR 不一定要凸显自己的存在价值，"去 HR"并不是真正去掉，而是使 HR 的影响力融入业务运营。

151
做一名专业的HR

乐燕敏

铁山　中国及东亚区人力资源总监

懂得 HR 的基本原理，能进行事务性的工作只是一个开始。要成为一名专业的 HR，就要在 HR 的各个模块进行深挖。做招聘的要懂得如何进行合理、科学地配置各部门人员，招人也不只依靠第三方，要有猎头的能力；做薪酬福利的要有咨询公司顾问的本事，懂得如何设计出符合公司战略发展要求的薪酬福利制度；做学习和组织发展的既要有调研能力，又要有剖析、发现问题，给出解决方案的能力，还要有强大的执行力、协调能力和培训能力；做绩效的要帮助公司实行一套行之有效的评估体系和激励及淘汰机制……当我们在 HR 的各个领域都做深、做扎实了，才有机会成为一名真正的 HR 专业人士。

152
做具有业务能力的HR

Jammy Leung

分众传媒集团　（大湾区）人力资源总监

人才，是公司最重要的资源，要做好人才管理，就要对其熟知，特别是会为公司带来业绩的人才，HR 想要更好地为公司找到优秀的人并让其在相应岗位上最大限度地做出贡献，就要了解业务部门业务岗位的要求，掌握相关技能，关注行业动态，有随时可以摇身变作业务人才的能力，这样，才能让 HR 从公司的执行者变成合作者！

153
企业人力资源管理要能走得出去，也能回得来

刘立恒
华景川集团 综合运营副总、人力资源总监

人力资源管理人员需要结合企业的经营业务实际去开展专业工作，把人力资源战略真正融入企业发展战略，把人力资源业务融入企业经营业务，不要自暴自弃，不要孤芳自赏，不要贪功冒进。

年轻的 HR 有理想，有激情，有冲劲，但在实际业务中往往会犯理想主义错误，结果碰一鼻子灰。理论指导实践，但实践不能简单地搬理论照套，需要变通，需要深入研究、探查，找到问题的根本，有策略地针对性解决问题。经营业务环节我们时常遇到很多实际问题，简单粗暴地归纳，都是跟人有关的问题，但是跟人有关的问题很多，促成问题出现的背后原因又有很多，而这背后原因更多的是在业务实际中对企业业务没有足够的认知无法分辨出问题所在。

HR 不要让人感觉高高在上，沉淀到业务中去，结合业务去谈人才"选育用留"，结合业务去谈 HR 业务，才能解决问题，才能让大家信服，才能让大家认为 HR 跟他是一伙人，否则你就是火星来的，你不懂他，他更不懂你。

第九章

客户管理

154
和销售面对同样的客户

陈艺

范德威尔（中国）纺织机械有限公司　人力资源总监

通常大家说 HR 的客户是员工或称为内部客户，如果是这样，财务做账时 HR 肯定是 SG&A（Selling，Genecal & Administfa tive Expense）中的 G，更精确地说，是 G 当中的 Overhead，俗称管理费用。大家都知道当业务疲软时，首先要减少的就是管理费用。所以，如果 HR 想坐到制定公司战略的圆桌前，那 HR 必须知道本公司的终端客户是谁，即谁购买了本公司的产品。不仅要知道谁是终端客户，还要知道终端客户的排名，比如，前十大客户是谁？每年销售收入是多少？除此之外，还要清楚公司不同产品的利润率如何，比如，公司利润率最高的前五个产品。同样重要的是，HR 必须知道本公司的竞争对手是谁？同等品牌的有哪些公司？廉价仿效的品牌有哪些？同类产品最高端的品牌是哪家？更为重要的是，被列为竞争对手公司的人力资源管理情况如何？薪酬福利、职业发展和员工关系等。只有 HR 掌握这些信息了，在公司制定战略时才有话语权，才有可能为公司发展从人力资源提出涉及组织架构、薪酬体系、继任计划、培训与发展、职业发展乃至留人计划等的相关建议，直至得到公司管理层认同成为公司政策。否则 HR 只能是行使招人、炒人和发薪的行政职能。

虽然不是每一个公司都能像杰克·韦尔奇时代的通用电气公司那样把 HR 放到仅次于 CEO 的位置上，但 HR 的从业人员必须以这样的要求来对待自己的职业，并努力去实现 HR 在公司内应有的能效。美国之所以成为世界头号强国是有原因的，美国拥有数量众多的世界级卓越公司缘于对人力资源的重视、培养和开发。虽然很多公司的 CEO 是从 CFO 职位上提拔的，但在美国公司也不乏 CHRO 被提拔为 CEO 的例子。这就要看 HR 从业人员个人的运气了。

155
带着客户思维去完成每一项任务

唐悦婷
好买财富　人力资源总监

HR 的道路很艰辛也很孤独，如果你能始终带着客户思维去完成每一项任务，那结果一定是美好的。

第一，分辨你的客户，并进行资源分配。其一，你的客户是外部客户还是内部客户；其二，将你的客户根据重要、紧急程度进行分层；其三，将你的资源进行分配，确定覆盖度；和你的直属领导达成共识，确保覆盖的客户是目前最核心的业务；如未能保证，需要和直接领导共同寻找更多的资源。

第二，保证沟通渠道，聆听客户真实的声音。其一，结合正式和非正式的沟通场景。正式场景，如参与业务部门例会、正式和员工的访谈等，可以让你更加了解业务以及增进彼此的熟悉度；非正式场景，如参与业务活动、聚餐等，可以增进彼此的熟悉度和信任度。其二，适度运用调研工具。考虑几个问题，包括调研目的、调研范围、调研频次、调研方式等，切忌增加对客户的侵扰。

第三，一个有温度的专家，能替客户解决他的"痛点"。其一，确定方案之前，你和客户一直保持着良好沟通，结合自己的专业，引导客户共同制订方案，考虑到公司的实际情况，制订一套相对完美且可落地的方案。其二，方案实施中，及时将过程情况、遇到的问题反馈给客户。双方达成共识后，继续前行。其三，遇到资源"瓶颈"时，及时寻找身旁的资源。

第四，赋能自我，为客户增值。其一，提升专业度。除增加关于人力资源本身理论知识外，要抓住机会去了解并熟知客户的领域、公司的战略、行业的动态等。其二，提升软技能。提升人际交往能力、灵活应变能力、抗击打能力、复盘决策能力等。

以上是我迄今为止在人力资源这条道路上的一点心得——"3+1模式"，前者是站在客户的角度，后者是站在本我的角度。我们HR人和我们服务的客户永远都是利益共同体，只有相互学习、相互成长，才能成就彼此。

156
价值驱动为目标的持续进化

Echo Zhou
强生（中国）投资有限公司　高级人力资源总监

HR需要透彻理解企业所在的行业属性和业务战略，并在此基础上坚持客户价值驱动。不要执着于某个概念、理论、流程或形式而忽略对客户的价值，比如盲目谈数字化、谈中台战略、谈狼性文化等。也不要因为最大化价值链上某个利益相关方的价值，而牺牲终极客户的价值。否则我们作为企业的一个职能存在的意义和所付出的努力就毫无价值。

在未来的组织和市场环境中，再也不会有单独依靠个人力量或单一职能的力量就能实现的创新。企业需要开放式创新来创造新的产品，也需要开放式创新的人才培养体系，鼓励人才跨职能、跨组织流动。最好的市场部、最好的销售部、最好的HR、最好的财务……加在一起不一定就会成为最成功的企业。只有每个部门都清楚自己对于其他部门和公司整体的价值和影响，并为之努力，才能形成最优秀、最高效的公司。

市场格局瞬息万变，没有人可以预测未来的组织形态和职业机会，与其努力预测，不如让自己不断进化。用持续进化成就自己的不可替代性。是选择一场探险，还是一段旅程？两者的区别在于前者需要激情、勇气和充分的准备，但到达的目的地以及收获不得而知。恰恰是这份未知的惊喜让人更加全力以赴，无怨无悔。而后者就如同从一个公交车站到下一个公交车站，起点、终点、路线都规划得清清楚楚，没有意外，没有惊喜，更谈不上激情和勇气。这样的人生一定很无趣，这样的经历也无法锻炼和塑造成功的领导者。持续进化的个人是不可替代的，持续进化的企业是不可战胜的。

157
人力资源管理中的客户思维

李金梅

成都三和企业集团有限公司　工会主席前人力资源总监

客户思维是部门之间合作的基础，人力资源管理部门致力于为企业各部门（以下简称客户）提供人才。如何为客户提供最适合的人才呢？首先就要深入了解客户的需求，要知道什么样的人才才是客户所真正需要的，这不仅要求人力部门人员杜绝整日坐在办公室内整理文件和编写文案，更要深入一线去面对面地沟通和调研，对行业、本公司业务都要有较为深入的了解，对现有的部门团队特征进行分析（如领导风格、团队氛围等），同时也需要结合本企业文化（如企业核心价值观）的要求去甄别和筛选候选人，从而更高效地为客户选拔到最合适、最稳定的人才。在人才选、用、育、留的各个阶段，人力资源部门可按照客户需求制定各关键点来作为人才考察或考核的标准参考。

第十章

团队管理

158
学会接纳错误

Sally Yang

赛诺秀　人力资源总监

一个允许犯错的组织是一个有活力、有担当的组织。在现在信息爆炸的 VUCA 时代（volatility 易变性、uncertainty 不确定性、complexity 复杂性、ambiguity 模糊性），很多事情我们以前都没接触过，道路上是石头，还是陷阱都不得而知……但我们要勇于尝试，即使错了也是一个经验积累。创新的路上哪会一帆风顺……我们要学会从错误中复盘、总结！同样的错误不能犯两次；另外，及时调整，有错就改，将损失降到最低限度！

159
借力成事，借事修人

邹敏

瑞高海运物流有限公司　人力资源总监

HR 的角色常常需要在公司（老板）、合作伙伴（部门负责人）、员工之间寻找平衡，特别是在公司利益和个人利益产生冲突的时候，需要扮演好一个协调者的角色，我们不可能让所有人都满意，但可以尽量让大部分人能够理解。

比如在重大经济危机的情况下，公司需要做出一些可能伤害到员工既得利益的决策，HR 首先要站在客观、公正的立场上，分析判断该决策的利与弊，做或者不做，对公司和对员工来说，将意味着什么，风险在哪里，综合分析后如管理层仍坚持决定，HR 需要去执行，否则需要借助部门负责人的力量，打通老板—部门负责人—HR 三者之间沟通的桥梁，使得他们愿意主动与员工进行沟通，最终达成想要的结果，HR 仍然站在幕后，突出团队合作和表示对部门的感谢，切忌揽功，最终的结果符合公司最大利益，兼顾员工利益才是最重要的。

160
优秀人力资源从业者的特点

撒奕
海银集团　人力资源总经理

好的人力资源对企业战略来说，就像内衣一样，有如下几个特点。

第一，贴身。企业情况各不相同，用不同的 HR 来组成最符合自身情况的管理系统，HR 可以是通用的，但别人的内衣你穿不了。

第二，不能让身体过敏。眼睛盯着核心战略做就好，别没事瞎折腾来显摆自己的专业，人心散了不好收，为祸最多的就是 HR 刮起的"血雨腥风"。

第三，可以塑型。好的 HR 要善于突出企业的优势，弥补短板，HR 的管理主动性也要有所体现。

第四，不能外穿。穿着内衣上街的都是些什么人？安于自己后台部门的定位，不要抢风头。

161
认清世界，认知身边的人

Fred Cheng

京新药业　人力资源总监

认清这个世界的规则，无论是明文规定还是潜在的游戏规则、背后的文化习惯，只有真正了解组织，才能做出正确的战略决策。

认知身边的人，清晰地把握不同团队、不同管理者、不同人员的不同性格、意识，结合外部环境设计正确的、可落地的策略。

觉察在投资者、同事和自己眼中真实的自己，找准自己的定位。打破自己以为正确的方向，做到自我觉察，如此才能把战略方向和策略计划真正落地。

162
HR要洞悉"游戏"规则

Lily Chen

欧林　亚太区人力资源总监

我这里说的"游戏"规则可以从以下三个层面来展开。

一是法律法规层面的，现在整个社会的法制观念越来越强，各种法律法规条款和案例越来越公开透明，媒体及自媒体都快捷方便，合法合规日益成为 HR 工作的底线，不得逾越。

二是深入了解本公司的价值观和企业文化。一个公司的价值观和企业文化是 HR 工作的基石和准绳，同时，HR 又是企业文化和价值观的引领者、推动者、传播者，二者相辅相成。

三是深刻理解公司的业务战略和对人才及人力资源工作的需求和要求，HR 的工作核心就是从人才层面上支持并保障公司的业务战略落地实施。

对这三个层面有了很好的理解和把握，操作层面上就不难找到落地方法和解决方案。这样，HR 工作一定能顺利展开，并得到公司、领导及员工的认可。

163
做对的事并坚持到底

王研

赛默飞世尔科技（中国）有限公司　薪酬福利总监

在复杂的大公司环境下，需要面对内外部客户不同的要求，很多时候这些要求是有一定冲突的，要找出一个让所有人都完全满意的解决方案几乎是不可能的。在这种情况下，一定要全面、审慎地了解所有事实和现状，然后找出对公司长期发展有利，对员工公平公正，并可持续发展的方案，如果可能的话，提供多种选择并分析其可行性和优劣势供管理层决定。一旦方向确定，就要排除万难坚持到底。有时候失败是难以避免的，但是只要坚持到底，做了对的事情，哪怕是失败也没有遗憾。

164
着手当下，放眼未来

吴龙珠

用友薪福社云科技有限公司　人力专家

"勇于创新，在危机中寻找新机，于变革中开拓新局。"

在不断完善培育人才、高效薪酬、绩效增长、人力合规等机制与执行的同时，带着目标去工作是 HR 部门工作的核心。发掘企业降本增效的潜力、推动组织协助修正企业战略，以适合的组织设计、人才战略、对外呈现等综合调动企业外部上下游资源、融合内部资源，为企业的持续健康发展贡献力量，实现 HR 价值是我们当下工作的重点。企业不同阶段适用不同的管理与引发模式，在不断摸索中不忘初心，不违本心合适就好。

165
懂老板懂人性懂业务

黄燕华

东百集团　人力行政总监

员工服务、赋能业务、组织驱动是人力资源中心的"三驾马车"，缺一不可。员工服务平台运作，要便捷高效，懂人性；赋能业务，要有客户思维，深挖需求，要求 HR 懂业务；组织驱动要建立在公司的战略方向上，人力资源管理的打法到底是从上往下打，还是从下往上打？要根据企业的特质和不同的发展阶段，更要读懂老板的思维，引导老板支持我们的方案。HR 不仅要让人有能力，更要让组织有能力。

166
强练扎实基本功，成为引领组织变革的践行者

Nicole Gu
崇德集团　区域人力资源总监

随着 VUCA 时代的到来，员工和企业遇到的挑战也都是前所未有的。人力资源管理者要做卓越的人力资源从业者，提供增值服务，就需要强练扎实基本功，成为引领组织变革的践行者。

守住合规的底线，没有职级与等级观念，永远保持中立，营造和捍卫企业的文化与规则，成为各级员工和企业信任的沟通桥梁。

掌握扎实的组织变革和发展的基本功，包括但不限于团队能力分析、组织健康诊断、团队建设、文化渲染设计、能力管理、引领变革、沟通战略、战略管理等。去聆听业务声音，熟悉业务的语言和"痛点"，注重客户的体验感，及时、快速地提供切实可行、低投入高产出的解决方案，同时营造高绩效高积极性的企业氛围。如果能有不同职能的跨界经验更是加分项。

167
我们的工作需要关注"大势"

何白云
科利耳　大中华区人力资源暨企业文化总监

作为 HRBP，每天需要处理的事情非常多，很多事情也非常琐碎，但是牵涉到人的事情，就都不是小事，还需要花心思和时间去应对。我们如何在"文山会海"中找到自己的价值脱颖而出？最重要的是要关注部门及公司，甚至行业的大势。

每天上班第一件事，打开公司网站看看公司有什么新闻，或者关注一两个专业网站，学习新的思想和趋势，这对我们在工作中做出正确判断非常有帮助。

当遇到个别案例的时候，先别急着提出解决方案，"让子弹飞一会儿"。个案的解决其实不难，只是流程上的投入。但是当一个个案例连成"势"的时候，我们就会发现，随着市场的变化，现有的流程、政策出现问题，我们需要花时间做变革管理。往往处在一线的 HRBP 是最早发现这种"势"的人。

关注"大势"，还会帮助我们在日常工作中脱颖而出，因为你了解公司最关心的话题，比较容易和高层业务伙伴有共同的话题，建立联结，达成伙伴关系。

168
定位+能力+价值主张=业务价值

Grace Wang

趋势科技Trend　首席人力官

HR 需要明确定位使命与远景。王牌的 HR 团队一定是在运营（Operation）、技术专家（COE）和战略变革方面全方位优胜的。

在这个定位基础上，HR 要不断推动技术、知识体系和自身能力建设。在技术领先，知识更新，能力突破的同时，能规划并推动组织的每一个部门同步实现能力迭代，能从战略角度推动组织变革转型，由此保持组织的竞争力和战略优势。

HR 的价值主张决定一个组织的文化基因。如何打造公平、公正、透明的企业文化软实力，如何在业务挑战和外界环境的不确定性中建立规则和底线，决定了企业发展的可持续性。

定位、能力和价值主张三个维度决定了 HR 的品牌公信力，这才是 HR 成功的关键，也是 HR 真正的业务价值。

169
"纸上得来终觉浅，绝知此事要躬行"

Jenny Hu

复星蜂巢　人力资源总监

虽然 HR 是一个公司的后台部门，但是现在越来越多的内资企业开始重视人力资源这个部门。因为最终，事情还是由"人"去完成。"人"是一个组织最关键的因素。所以，作为一个人力资源工作者，我们需要"躬行"。对内，深入业务的每个环节，成为HR团队里最了解业务的那个人。对外，我们也是公司的一张"名片"，吸引那些可以"同频共振"的人加入组织，产生乘数效应。让HR真正成为协助推进业务非常重要的一个环节。

170
做企业组织体系的"搭建者"和文化价值的"布道者"

Christine
亚伺贸易　人力资源总监

在一个组织中，人力资源部门是组织灵魂般的存在。每个组织的HRD（人力资源总监）、HRVP（人力资源副总裁）、CHO（首席人事官）的三大核心价值：一是建立并维护公司人才梯队，二是保证公司人岗匹配，三是设计公司运营管控机制并检查落地执行。人力六大模块与三支柱（HRBP、COE、SSC）、体系建设、文化营造、行政管理的具体工作都围绕这三大价值，为了实现这些价值要做具体方面的工作。专业是基础，经历是资源，情商是外衣，责任是动力。深刻理解组织中人力资源负责人的核心价值，运用自身专业技能和软性技巧，赋能组织，赋能身边的团队，懂业务逻辑，搭建组织内部系统，识人心懂人性，推动组织人才梯队建设，推动公司业务全局发展。

171
努力践行"公平和平等"

钱静
复星旅文集团 高级人力资源总监

科学技术的巨大进步和社会经济的迅猛发展，潜移默化地驱动着组织架构从垂直分层向扁平化转变，同时也深深地影响着员工的思维方式、价值观念和彼此之间的合作关系。作为组织，我们希望员工更有内驱力，更有创造力，更有责任感；作为员工，他们希望在工作中被尊重，被认同，被需要，更有自主权。要实现此种愿景，公平和平等尤为重要。

公平感几乎影响了员工对工作的所有看法和言行，包括彼此的合作、上下级之间的信任、对工作的敬业度、对组织的归属感和忠诚度等。虽然，绝对公平的结果是不可得的，但作为人力资源从业者，我们力求在组织中做到流程、程序的公平。不断审视和校准我们的制度和实践，确保它们与时俱进，和组织现状相匹配。

同样重要的是，所有员工都希望能够被平等对待。这意味着我们不以岗位层级待人，以平等尊重的心态、言行与每个员工互动；不奉上不踩下。在遇到纷繁复杂的"罗生门"时能兼听不偏信，有自己的独立思考和判断。

做到以上两点，我相信组织和员工一定能相得益彰，员工能充分实现个人价值，组织能实现最大的价值创造。

172
VUCA时代HR的核心领导力

夏庆轩

西云数据　人力资源总监

自戴维·尤里奇（Dave Ulrich）将传统的人事管理定义为人力资源管理后，如何真正成为战略伙伴、变革先锋、运营专家和员工后盾，已经成为人力资源管理从业者思索、实践的主题。那么，究竟具备哪些核心领导力，才能在 VUCA 时代做好上述四种角色呢？

第一，打造洞察力。无论是战略伙伴、变革先锋，还是员工后盾，都需要人力资源从业者对客户有充分的理解。此处的"理解客户"，包括对内部客户现状和需求的理解，外延也可以扩展到外部客户，只有真正理解了外部客户（或者说公司的客户）的需求，才能理解业务部门（内部客户）的真正难点、"痛点"。但这种所谓业务理解能力，不仅仅是传统意义上的与客户保持良好互动和关系的维护，更重要的是在"客情"中寻求洞见（Business Insight），准确锚定客户需求。

第二，提升创新力。在我们从客户那里拿到洞见之后，接下来，就需要将业务层面的洞见及内外部客户需求与人力资源政策、流程、实践相结合，从而提供行之有效的解决方案去满足客户需求。这要求人力资源从业者能够将过去的成功经验应用到新的业务工作中，甚至去拥抱和引领变革，成为变革先锋，进而在战略层面上成为业务部门的合作伙伴。

第三，扩大影响力。即使我们能够形成符合业务需求的解决方案，如何让业务部门理解、接受并执行，同样是非常具有挑战性的。通过亲密关系的营造、专业能力的展现、"教练"技巧的实践，以及共情能力和利他行为综合作用，能够将人力资源部门研发出来的产品和服务"销售"给业务部门，这就是影响力的真正体现。做到了这一点，业务部门对人力资源的定位就不再仅仅是运营专家，进一步扩展到战略伙伴层面。

第四，强化执行力。不管解决方案多么完美，业务部门有多么认可，如果丧失了精益管理和卓越运营，业务需求是无法在真正意义上得以满足的。作为管理闭环中的最后一道关口和"最后一公里"，精益求精但又富有灵活性地执行人力资源政策、流程、项目就成为最终的制胜关键。同时，在执行过程中，又会与业务部门互动，从而提供了发现洞见的机会，使四种领导力形成管理闭环。

173
"屁股决定脑袋"还是"脑袋决定屁股"

赵庆扬
京投发展股份有限公司　人力资源助理总裁

"屁股决定脑袋"（位子决定能力）这句话大家可能听得非常多了，几乎绝大多数人都认同它表达的意思。

的确，岗位的职责范围、部门的归属、岗位面对的挑战，在很大程度上会决定一个员工的工作方式、倾向和能力训练的程度。可惜工作中我看到的是不少同事因为对这句话的"笃信"，而表现出一些不利于自己发展的负面行为。

在公司里，只有能从更高层面思考如何开展和推进本职工作的员工才会更早地获得更多的发展机会。

作为老板，如果你的员工能够从你的角度设定工作方向、协调推动工作、达成你想要的结果，而不局限于他所在的层级、岗位、部门、经验，你不尽快提拔这样的员工，岂不成了"昏君"？

所以准确的说法应该是这样的："脑袋赢得屁股（能力赢得位子），屁股塑造脑袋（位子锻炼能力）！"

人生不是为了更好的位子！多一点思考，多一点主动，多一点用心，多一点努力，用我们原来的"脑袋"，换一个更好的"脑袋"吧！这不是为了别人，而是为了自己；不是为了名利，而是为了蜕变！

174
把握尺度，做一个"平衡大师"

叶诚

威利中国有限公司　人力资源副总裁

HR 的工作，就像钢丝绳上行走的杂技表演，关键是要能在处理事务、解决问题的过程中时刻把握好尺度，掌握好平衡。

首先，当然是工作事务中的平衡，管理层的要求和员工的诉求之间的平衡、严格管控和有效激励之间的平衡、制度建设和人本理念之间的平衡、组织的利润目标和员工的职业发展之间的平衡，以及 HR 自身作为组织内部的执法者和服务者两个角色之间的平衡……只有处理好这些平衡关系，HR 的工作才能得到各方面的支持，得以顺利开展。

其次，作为 HR 从业者，除了工作事务中的平衡，自身内心的平衡也非常重要，包括工作和生活的平衡和同事及外部合作伙伴关系的平衡等。其中特别重要的是，在处理棘手难题时，自己内心严格坚持原则和富有同理心之间的平衡。相比工作事务中的平衡，有时候内心的平衡更难把握，需要我们时刻警醒、反思。

最后，需要指出的是，平衡是动态的、随时变化着的。我们的组织就像在商海中行驶的一艘船，风浪随时会有，平衡随时可能被打破。这就需要我们 HR 时刻关注组织内外部环境的变化，随时调整我们的工作策略和重心，助力组织的大船一路乘风破浪！

平衡是艺术，掌握这门艺术的 HR 一定能在组织内长袖善舞、游刃有余。

175
HR做工作的三项原则

沈刚
汉普集团　人力资源总监

一是解决问题。所有的工作和职位，都是为了解决某个问题而存在的。越能解决复杂问题，越能让更多人受益，越能获得更高职位和收益。本着解决问题态度去工作，会在职业生涯中持续受益。老板需要能够解决问题的 HR，不是"问题放大镜"。给领导提一个问题，提供至少一种解决方案。

二是深度思考。做任何工作都让别人高看一眼，不只是就业务谈业务，就事情说事情，而且是力求反映思想，体现见解。始终在更宽的视野、更新的维度和更多的层面，进行逻辑分析、判断决策和资源整合，工作境界、气象和结果就会大有改观。

三是争取支持。永远牢记，企业是人构成的组织，统一战线做得好好的，朋友搞得多多的。做人真诚一些，做事圆润一点。想让别人怎样对待自己，自己就怎样对待别人。想实现自己的职业理想，就助力别人走向成功。沟通讲技巧，说话懂分寸，处事讲策略。

176
成为真正意义的业务伙伴

Annie Xu
富昌电子　亚太区人力资源副总裁

我认为HR要做好以下三个方面，才能成为真正意义的业务伙伴。

第一，从自身的角度出发，提升专业能力，做到有问必答，系统性地解决问题。招聘方面，要帮助企业识才、选才；培训方面，要理解业务战略，从长远发展的角度协助企业培养和发展人才；薪酬福利方面，要紧扣市场及企业的脉搏，提供合理、公平且有创造力的薪酬方案；员工关系方面，要熟悉劳动法规及制度建设，及时解决纠纷，创造完善公平的工作环境。

第二，从业务的角度出发，深度理解企业战略和文化，熟悉企业的运营及业务模式，及时、有效地解决人力资源相关问题。在实践中，HR要参加业务部门的日常会议，深入第一线，掌握基层员工的动态，为企业制定人才战略，提供第一手信息。

第三，从合作的角度出发，HR与业务部门及员工三者之间的关系是相互支持、相互协助，必要的时候还有监督和管理的作用。HR应发挥在识才、育才、留才等方面的价值，取得业务部门的信任和支持。在很多企业，HR工作到位，可以使企业的管理有温度，增强员工对企业的归属感。

177
数字化转型中的HR领导力

庄丽
凯爱瑞 北亚区人力资源副总裁

在数字化变革时代下，现在的 HR 从业者们需要提供具有前瞻性的管理思路和战略指导以帮助企业领导者创造高效的管理和学习环境，并帮助员工迅速采用新的工作方式，实现最优人才发展和管理文化。

合理的组织架构、企业文化、工作流程和数字技术，能显著提高员工灵活办公模式的效率和士气。

早在 2014 年，《哈佛商业评论》就有文章指出："那些出差或通勤时间更少、工作与家庭更平衡的员工幸福感更高，工作动力更足，面临极端情况也更容易调动积极性。"在这样的背景下，我们需要关注以下几个方面。

第一，管理信息透明化，真正做到以人为本。领导者不遗余力地通过实际行动来做出变革表率，设计行之有效的架构，并建立一套行之有效的决策和沟通架构至关重要。在新冠肺炎疫情期间，企业组织的规模感被消解，数字化赋能与在线学习使新员工的入职培训过程简化，从而更快地融入紧密配合的团队。

第二，驱动变革，建立创新。敏捷的企业文化领导者不仅要关注建立创新文化的工作环境，还要能简化组织架构、程序管理以及保证团队成员多元化的背景。

第三，重塑领导力。HR 领导者在数字化转型中，能掌握驱动变革的策略、关键成功和失败因素，组建变革相关团队。变革的主要障碍来自人，也就是我们通常讲的软性因素，它包括企业员工对待变革的态度以及思维模式和企业文化，管理者缺少对变革的承诺以及资源调配。组织对未来的敏锐嗅觉以及不只是简单依赖逻辑思维的管理模式，需要 HR 领导者本身迅速更新数字化未来跨行业趋势、新锐的观点，甚至技术发展，并前瞻性地调整思维的宽度、广度、深度以及速度。

第四，传递关怀文化。企业在向远程办公的"新常态"过渡的同时，某些采取灵活办公的员工也许将面临新的压力（如在学校停课期间需要照顾子女），从而产生某种孤立感和危机感。企业领导者应当尊重并帮助员工解决这些问题。在这方面，同理心便成为一项至关重要的工具。同理心有助于建立情感联系，促进包容性，并且在缺乏真实互动的情况下营造社区氛围。HR领导者应当在心理上为员工营造安全感，在决策中保持包容性，在面临挑战时为员工提供建议，借此更密切地了解工作进展，发现问题，进而帮助团队有效解决问题。同时，对远程办公进行优化：针对高效的灵活办公提供最佳实践建议（包括如何通过更好的设备改善居家办公环境、如何减少干扰，以及如何设置本地网络），为员工创造最佳体验。

第五，数字化转型。数字化正彻底改变整个商业环境和人才发展逻辑。对企业而言，数字化已不再只是一种选择，而是一个必要措施。如果领导者想继续做好领导工作，就需要拥抱数字化转型。大规模的互相学习机制要做的就是这样的事情，它意味着组织在战略上拥抱领导者的变革意识和学习能力。数字化转型本质上是文化转型。转型的根本目的，其实是全面改变组织的做事方式。但领导团队必须确保转型的文化效益大于其成本——转型要放大组织的文化价值（如团队合作和以客户为中心），避免可能损害企业的倾向（如将削减成本置于客户体验之上）。

178
HR的使命

Helen Zhang

天天拍车　人力资源副总裁

HR的使命是协助公司创始人打造一支能适应企业不同发展阶段、组织能力超强的集体战队。要实现这样的目标，需要具备以下能力。

第一，HR"一把手"本身要懂企业战略，能跟业务"一把手"对话，目标清晰，在清楚要怎样配合企业本阶段发展战略的情况下制定自己团队的策略及打法。

第二，组织能力，是通过企业的各项优质经济指标即实际产出、盈利能力和可持续性、新产品或商业模式的创造力等维度来衡量的。要想打造一支组织能力超强的战队，HR的基础工作必须非常扎实，而且综合实力也要很强。

第三，HR团队的每一名成员必须清晰了解自己是业务部门的辅助力量，绝不能出风头或找存在感，需要长期稳定的业务能力和冷静客观理智的情绪控制能力，合格的人事专员是非常有挑战性的工作。

第四，HR三支柱适合目前绝大多数千人规模以上、新经济及高速发展的科技类型公司，但随着商业环境的不断改变，也会有更多类似于三支柱性质的HR形态涌现出来。

179
HRBP的作用：研究并解决组织问题

佘锦云

深圳招商港湾集团有限公司　总部人力资源部总经理助理

当下对 HRBP 的作用讨论得比较多，强调人力资源对业务的赋能和支持，但我认为如果要充分发挥人力资源的战略价值，人力资源首先要主动解决组织问题而非被动支持业务需求。从组织的视角看，往往也就是老板或 CEO 的视角出发，站在组织的高度研究并解决组织问题。

路径是在完成执行性和运营性工作的基础上，研究人才战略和组织环境的问题，通过系统调研，提供专业的组织与人才诊断，给出清晰的判断，坚决行动并给组织带来公认的结果。

怎么主动解决组织问题呢？具体来说，需要 HR 在满足业务部门需求的基础上，主动发起组织流程。通过研究组织整体情况，HR 主动确定人才战略和组织环境中的重大问题，进行系统调研、专业区分，形成观点清晰、步骤合理、目标明确的解决方案。HR 协调企业高层对解决方案达成共识，业务部门按照高层认可的标准要求与时间计划落实方案，最终由 HR 部门负责"晾晒"结果。

180
员工职业发展误区

曾婷婷

飞利浦　全球企业服务学习发展负责人

从多年人才发展的工作经验来看，员工普遍的观点是，职业发展就是等着老板来发展我，或者是 HR 主动来发展我。事实上，这个观念是错误的。

首先，很多人认为是金子就会发光，但是别忘了，在一堆金矿里，金子光靠发光可不行。你不启动自我发展，企业怎么会认为有必要来投资和培养你？每年人才盘点我们对高潜员工的判定标准，其中潜力标准很明确的一条就是学习敏捷度（learning agility），换言之，如果没有终身学习和成长的能力，是没有办法进入被培养名单里的。西方有一句谚语："God help those who help themselves（自助者天助）。"

其次，又有谁能比自己更了解自己呢？比如觉得什么有意义，擅长什么，对什么感兴趣。职业发展的甜蜜区（sweet spot）是价值观（意义）、兴趣和能力三者的结合点。举个例子，我擅长财务，对财务管理也很有兴趣，但是我被迫在一家要做假账的公司工作，这个不符合我正直的价值观，哪怕工资和职位诱人，这份工作对自己一定是身心损耗和折磨，无法持续的。

最后，如果把职业发展比喻成驾驶汽车，员工应该在驾驶位，直线经理在副驾驶位，各就其位。原因很简单，HR 也好，直线经理也好，可以添砖加瓦，在关键时候推一把，但真正知道去哪里的只有自己，我们用"车日马"模型解释就是，车代表自己的性能，日是目标所在，马就是选择的马路路径，如果自己是普通的家用车，那么跑风沙戈壁和泥泞山路就会相当吃力甚至有风险，但如果你是辆超级赛车，每天在限速 50 公里的小区里开着无疑是种浪费。

所以对有自我发展需求的年轻人来讲，职业的初级阶段，最重要的就是提升自身性能，如此才能所向披靡地奔向自己的目标，在绿色通道上飞驰人生。

181
有效"传球"，打造高效团队

於江涛

祥邦股份　人力资源总监

工作中，面对下属抛出的众多问题，我更愿意选择聆听并习惯于记录，聆听与记录的目的在于辨别哪些是我需要认领的，哪些是我期望对方着手去解决的。在对方表述完毕后，就我所认领的问题表达个人观点及解决方案并且征求对方的意见，以确保双方达成一致。剩余的问题，我更愿意与对方互动：你需要解决的核心问题是什么？众多问题之间是否存在关联？你建议的解决方案是什么？如何做？谁来做？何时做？与此同时，不但问题能够得到有效分解与解决，还能够练就一支具备主观能动性的高效团队。

182
HR与组织活动

资峥嵘

奥的斯电梯　扶梯运营人力资源总监

HR要把对员工及员工家属的尊重与关爱、对安全至上的推崇、对道德及合规的遵守、对自身企业文化的理解和践行以及对员工敬业度的高度重视，实实在在落实到日常开展的各项团队建设及员工活动中。

日常工作中的各项沟通交流也必将得益于这些日积月累的支持和青睐。HR 的群众基础有了，组织的可调整性和支配度也就越来越灵活。

183
在组织变革阶段的HR

高治
现代金控　人力资源总监

组织处在变革阶段，是比较容易体现 HR 价值的，同时也更考验 HR 的功力。变革不是经常能遇到的组织状态，遇见时，好好把握和提升自己以促进个人进步。

组织变革的两种常见执行路径：一是改革。彻底重建，避免原有想改变或不规范的做法，否则会导致细节不规范，变革不彻底。二是改良。在现行制度下修改、补充，让组织及各层级员工有过渡。思想、行为、意识的转变是循序渐进的，避免或减少抵触、反击的发生。

那么，究竟选哪种？要先判断推行利弊的占比，风险最小，同时决策者也要预判自己能面临何种风险，既是做预判，也是对可能出现问题的预警，提前做好预案，以备不时之需。

选择时，要注意，决心要坚定。摒弃惯性思维与所谓行业规则等束缚变革，不要给一些没有明文规定的事情，人为地贴标签。既然决定要变革，那就没有什么是不能改的，改不一定成，但不改一定不成。

184
做组织能力的保证者

Jacky Liu
国际汽车零部件集团　亚洲区人力资源总监

人力资源工作的核心是为组织的业务发展和运营提供组织能力的保障，而人只是组织能力的载体。随着人工智能、大数据和云计算时代的到来，我们的组织机制也发生重大改变：组织形态越来越扁平化或者呈现倒三角的形态；组织运作呈现"蜂窝"状，即使没有中央控制系统，成员仍然可以根据项目或任务，快速建立、部署、解散和重组。这就要求我们人力资源管理者更加贴近业务，把着眼点放在"组织能力"上而非"人员"本身。根据业务规划确定我们的组织能力，如哪些组织能力是可以通过人工智能达成的；哪些组织能力是可以通过购买外部服务获取的；哪些是核心的组织能力必须通过招聘和培训正式员工才能得到的。而这些正式员工就是组织的核心管理层和技术核心骨干。如何吸引、激励和保留这一部分"人精"（人才和精英），需要我们提供个性化、差异化和定制化的解决方案。

185
灵活与原则

张倩
深圳国际会展中心希尔顿酒店和花园酒店　人力资源总监

　　人力资源工作涉及大量政策与合法合规内容，这使得人力资源工作者给其他运营部门和员工的印象经常是死板和不好沟通的。作为酒店服务行业从业人员，我们在服务工作中最先被培训的服务理念就是要灵活地处理问题，在无法提供某种服务的时候，如何为客人提供替代服务方案。在人力资源管理上，我觉得可以借鉴这一原则，在不与政策和法规冲突的前提下，与部门和员工沟通出能相互配合的解决方案。

　　灵活处理问题并不代表放弃原则，相反，坚持原则是人力资源工作的核心和难点。既要坚持原则又要配合公司的业务和发展在很多时候会让 HR 处于很大的压力之下。比如某个职位在市场上招聘难度非常大，好不容易有一个经验和能力都合适的候选人，但在背景调查时发现他在原岗位有违纪现象，部门急于用人，希望能继续聘用，这个情况下你怎么办？如何坚持原则并说服部门？也许大家有不同的答案和方法，你的方法也会契合你所在公司的价值观。但我相信绝大多数公司和组织的价值观里，正直诚信都是不能妥协的原则之一。

186
不同文化背景下的合作

Frank Kohler
马勒　大中华区人力资源总监

　　了解不同文化背景下的文化差异，并与不同文化背景下的同事进行合作，这是一个在全球企业和国际市场上成功的关键竞争力。在其他文化背景下工作的候选人，在他们的研究过程中，经过与外国同事合作指导，能从这些经验中获益，并能利用他们的知识，更好地完成工作。

　　我最喜欢的问题是，不同的国家（或文化）可以相互学习哪些方面。我特别感兴趣的是，这些国家和文化能够加强各自的工作方式。这些答案可以让我深入了解候选人对不同工作方式的认知程度，以及这些工作方式的构成因素，这是一个重要的特点。通过询问具体的工作方式，我们关注的主题是需要掌握观察技能和认知方式的时间，并深度挖掘他们成功的原因。这样的问题也有助于他们证明自己的能力。

　　在这个问题上，招聘人员可以通过观察和学习能力来展示他们的专业能力，并强化这种能力。

187
匠心打造组织的生态系统

Rachel Zhang

梅赛尼斯 人力资源总监

如今 HR 已不再局限于日常事务性工作，需要放眼企业业务战略以及行业发展层面。企业内部一些重要的 HR 决策甚至需要考虑到所处的时代背景和国家战略，这在全球化的今天尤为明显。HR 团队要负责打造和经营适合自己组织的整个生态系统，包括"内循环"和"外循环"。所谓"内循环"，即需要从组织架构、制度设计和文化层面赋能内部人才从而为业务发展输送所需的养分，而业务的成功又能促进组织和人才的进一步发展；同时，"外循环"通过与市场的融合实现组织内外人才及知识资本源源不断地流动。因此，作为组织生态系统的营造者和守护者，HR 专业人士可以大有所为。为无为，事无事，味无味。

188
创新组织中的人力资源角色

吴瑾瑜

唐硕 员工体验高级总监

在一个崇尚创新的组织中，人力资源需要定位于以下三种角色。

第一，创新土壤的培育者。打造一片让员工尽情释放价值的土壤，夯实企业文化基础。人力资源需要一双慧眼和一套可行的制度。坚决剔除与公司价值观不符合的员工。这样才能不断改善员工体验，员工的更高价值才能得到发挥，组织才能不断创新，员工和公司才会实现共创共荣共赢。

第二，理性勇敢的担责者。帮助业务与决策者分析人力资源战略落地的投入产出比，聚集目标深度一致。谋定而动，当你所选，为结果负责。不对结果担责的人力资源团队永远只是辅助角色。只有经历担当的修炼方可磨成利剑。

第三，终身学习者。创新性组织最稀缺的能力就是学习能力，为了适应时代需求，我们必须快速主动吸取各种科技以及行业信息，并融会贯通学以致用，协助组织在发展甚至二次发展中，成为脱颖而出的佼佼者。

189
HR怎么做才能激活组织

谭孝东
上海威斯特姆信息科技有限公司   总经理

组织需要进化，但是进化的前提是把组织激活，只有把组织激活了，成为一个自适应性的系统，如同城市一般，自主地发展和进化，这个组织才是有效的和趋利避害的。

怎么做才能激活组织？

首先，梳理组织，去除臃肿，让核心凸显出来，成为动力源。

其次，建立资源平台，把非核心部分全部放在平台上，成为组织的驱动力。核心指的是真正的核心，包括技术、人力以及一些价值资源（如何定义核心需要综合考虑和平衡）。该平台可以自主开发也可以外包，专业的平台更为有利，如同一个城市，就存在一个无形的资源平台，所有的资源都能看得见也看不见，但是一直在推动城市的发展，这也是城市自我驱动的原动力。

最后，激活组织，让组织自适应性发展和进化。

190
对于HR行为模式的建议

林巍然

ATL新能源科技　人力发展总监

建议一：我们是精英。我们是成就精英的精英。我们服务于他人，同时坚持真理与原则。我们把自己看作精英，以精英的标准选择思维模式和行为模式。我们以 a product of HR 为荣，同时不断突破极限，追求卓越。

建议二：成效决定一切。追求成效必须坚持成果导向；确定优先级，但是，一定要审慎地做"减法"。追求行动力，让有益于组织发展的事在第一时间发生。关键在于全力以赴地把事搞定、推动。

建议三：不断锤炼思考力。按照策略做事；创造性地解决问题。解决问题的关键在于提出备选方案，而不是在问题出现的时候，就让"想象中的困难"模糊了内心，这样会导致我们找不到最佳解决方法。

建议四：成为"影响者"。与他人保持开放、正向的互动。坚持"主动沟通"与"闭环沟通"，让事情"发生"和"推动"。推了没动，等于没推。我们要展示自己的成效，宣传自己的成效，让工作成效为他人所知。

建议五：自主管理，自我激励；适应变化，保持坚韧。当我们没有受到足够的重视，或者说我们"觉得"没有被足够重视的时候，请务必保持自我激励，快速行动，实现成效。

191
管理制定、资源调配中的"平衡"执念

张世华

盛开体育　人力资源总监

HR 职责涉及企业的方方面面，在进行管理制定、资源调配中，"平衡"就尤显重要。"平衡"是组织架构与企业战略的匹配程度；平台能提供的空间与个体职业规划的匹配程度。注重个体专业技能的打磨，为保持企业竞争力打基础；构建运转顺畅的体系，形成企业、团队、员工之间的信任。以上重点在于超脱基本层面内容，帮助每个人在专业领域有所突破，在人才成长的同时，也为企业完成了人才梯队建设。作为 HR，需要具备"外语"能力，能听懂各个部门的专业需求，进而找出问题所在并快速输出有效调整组织架构的人力解决方案。因为 HR 的工作多在创造性层面，所以需保持中正的姿态，用职业化的方式建桥铺路。平衡利益，协同上下，赢得尊重。

192
在竞争中合作，在合作中竞争

杨勇

大亚科技集团&大亚圣象家居股份有限公司　人力资源总经理

VUCA 时代，外部环境复杂、多变、模糊并且充满不确定。任何企业都

无法独善其身，在竞争中合作，在合作中竞争，将成为常态化的新趋势。

现代商业竞争的底层逻辑，最后都是组织与人才的竞争。企业不同的发展阶段，组织与人才需要不断地迭代与升级，以适应新的发展，保障新的发展战略，驱动新的发展规划。

我们发现，越来越多的企业设立了 CHRO 岗位，让 CHRO 充分参与到企业最顶层的战略设计与决策中。人力资源与企业战略、业务规划更加紧密地结合，是未来人力资源管理整体的发展趋势。

为顺应时代发展趋势，我们更要提前做好准备与革新，真正成为企业与业务的合作伙伴。

193
组建、赋能、激活并迭代有持续战斗力的团队

房让青
复星旗下智能制造板块爱夫迪（FFT）公司　副总经理
邢茜茹
智云股份　人力资源总监

人力资源工作者要经常思考 HR 给企业的客户和股东创造了多大的价值，给业务和财务做出了多大的贡献，给员工带来了什么体验，给社会产生了什么影响。HR 工作中，其中重要的就是组建、赋能、激活并迭代有持续战斗力的团队。

第一，组建。HR 组建团队时，不仅要重视招聘有战斗力的新人，更要在已有的团队里识别出有持续战斗力的高潜能员工，发挥每个员工的自身优势，把合适的人放在最佳的位置上。

第二，赋能。HR 通过不同的职业培训和发展、教练启迪、导师辅导等

机制不断地赋能员工，让员工和企业实现双赢。

第三，激活。HR应该成为企业文化价值观的设计者、推动者和领跑者。在共同愿景、使命和价值观的指引下，营造并激活全体员工相互信任、同舟共济、上下同欲的氛围。引领团队成员凝聚共识，形成共同目标，发挥高绩效的团队成果。

第四，迭代。HR在组织能力提升尤其是人才梯队搭建上要不断地进行迭代更新，给年轻人更多向上发展的机会，对关键的管理和技术岗位要做好接班人的梯队培养。

HR关注的是人，如何组建、赋能、激活并迭代有持续战斗力的人员和团队，是HR需要持续不断修炼的"内功"。

第十一章

企业文化管理

194
企业的核心竞争力是人才，更是企业文化

李强

某世界五百强公司　人力资源总监

现代企业的人力资源管理，可以从内外部上获得各种资源来完善公司的人力资源管理模块，构建一个非常完善的人力资源管理体系，但真正让人力资源管理从业者体现价值的是，帮助企业建设具有独特竞争力的企业文化及价值观。这看起来是一个老生常谈，但也确实是我在企业工作多年后的深深感悟。

何谓正确的文化价值观？其实是在法律和道德基础上规范企业及员工开展业务活动时的行为和工作，即在没有人告诉你应该怎么做事情时，大家都自然按照某种不约而同的规则做事。比如一家鼓励创新的企业，其企业文化应该是表现在容忍员工犯错及相关成本支出、上下级平等方面，这些说起来简单，但是经年累月地实施的确很不容易。想想看，一个员工经常会对老板说"不"，而老板还要仔细倾听原因，这是一件在企业里多么难以坚持的事情呀！所以，人力资源管理者应该坚持长期推动企业文化建设，把企业文化建设设计到公司日常规章制度、人才甄选及培养、培训及发展、薪酬福利体系、绩效考核等方面并不断更新完善，在日常工作中以身作则，最终才会建设出一种让企业高效、低成本运行的持续健康发展的企业文化。

195
在愿景中，与爱同行，创意而为

徐海兰

敏实集团　人力资源总经理

每个人生来就有某些天赋、热忱、使命，当我们可以真实地活出这些生命的本真时，就能充分体会到生机盎然的自己、鲜活的自己。以终为始，以始为终。如能秉承着对人性本真的尊重与理解，人力资源必能建立起一种更富有影响力的格局。

在变化不确定的时代，我们要以企业家的精神，使命必达的决心，坚定的信心，没有机会创造机会，没有资源创造资源的状态，满足业务的长短期需要。也许 HR 不在司令的位置上，但必须以司令般的胸怀和视野，为组织提供兵马粮草。

也正因为各种各样不确定的存在，所以我们必须时时保持觉察和自省，敏锐对焦需要，以革新的理念，随时淘汰自己固有的方式，以新的方式实现自己的使命。保持对新事物的学习和了解，对数字化、智能化人力资源工作方式的探索，驱动时代的革新。

若能清楚自己的使命，怀着对生命和资源最大的尊重，我们也必将可以"在愿景里，与爱同行，创意而为"。

196
让文化有温度，让制度有刚性

许明华

香港优利集团　CHO

作为人力资源从业者，无论你想或者不想，任何时候都会身处交织错杂的网络之中。这就客观上要求人力资源从业者必须具备更强的人际敏感度与组织敏感度，具备更大的格局观。所谓菩萨心肠，要求回归初心，利他无我。做决定和评判之前多问几个"为什么"，抛开无关杂念，从关爱的角度保护每个个体的合理诉求和感受，让文化有温度。所谓霹雳手法，是因为我们作为公司文化和制度的守护人，无私所以无畏，使得制度政策保障公司运转高效，"流程简化自动化数字化"，不需人为干预，真正做到让制度有刚性。做到这两点，人力资源工作就可以从琐碎日常的人事运营转移到更为重要的战略人力资源规划上，和业务实现更紧密的对话与合作，解决系统性问题和变革目标，真正成为人力资源合作伙伴。

197
内部深植，外部生发，让文化与品牌之树常青

李英楠

杭州新剑机器人技术有限公司　人力资源总监

大多数人力资源从业者深知我们的重要使命之一就是文化建设，所以我

们在做人力资源工作的同时，时刻关注公司的文化推动与践行，使公司的使命、愿景、价值观通过制度规范、榜样标杆、团队活动等方式从口号和文字转为内化于心、外化于行的员工行为。

从业者还应关注的一个重要使命是公司对外的品牌建设，人力资源从业者有责任也有条件去推动企业的社会影响力。每场宣讲、每一个候选人沟通、每次最佳雇主评比、在职员工的价值观引导、离职事项的处理，都是彰显企业形象、推动公司品牌建设的契机，把这种习惯和价值观植根于每位员工，所有的员工都将是公司的形象大使。

外部影响力的提升反过来会促进公司的人才引进、业绩增长，更能够促进内部文化氛围的形成，如此往复的内外部良性大循环，是公司文化建设的广度的延伸。内部深植，外部生发，才能让文化与品牌之树常青。

198
关注组织，关注文化，关注人

Summer Zhang

博睿兴远商业　人力资源总监

企业的战略或业务目标永远是 HR 工作的出发点，在此基础上持续保持对组织、文化和人的关注，可以更好地促进企业目标的实现。

关注组织，包括关注架构如何满足战略需求、决策如何形成团队共识、沟通如何高效赋能、执行如何到位给力。

关注文化，包括关注使命、愿景、价值观如何与现阶段的战略、业务目标相匹配，公司的经营管理原则、关键流程和制度以及对各级人才的定义如何体现文化，管理者如何践行文化，团队在日常工作中如何清晰地感知文化。

关注人，包括如何选择德、才、性格都适合的人，如何通过教、导、练去培养人，如何在意愿、心智和技能上去发展人。

组织、文化和人之间的工作相互连接，相辅相成，由面到点，由点及面，找到组织、文化和人三者之间的关联，可以助力企业更好地在 VUCA 时代实现战略或业务目标。

199
长袖善舞，化虚为实

Deborah Jiang

赫格纳斯公司　副总裁

人力资源管理工作中，相当一部分内容显得虚一些。比如，企业文化、价值观、领导力、能力素质要求、行为规范等。之所以虚，一是具体的情境不尽相同，评价的尺度很难统一；二是缺乏实打实的措施，写在纸上的内容很容易流于口号。

虚是一种意境，不是不对，而是要抓落实。仅从制度上加以约束，很容易让人力资源从业者变身为企业内部的"警察"；加大奖惩力度亦不可取，短期也许有效，长期必定有害，更何况奖惩只是针对结果，有明显的滞后性。落实的关键不在于形式，在于内容；内容的产生一定源自问题。举个例子，定目标的时候如何落实到具体行动？如何做到上下同心，左右协力？如何针对变化做出及时调整？带着这三个问题去设计和实践，很多虚的东西就有了落在实处的基础。长袖善舞，于无声处听惊雷，口号才能变成行动，行动才能看到成果。

200
在被欣赏的目光中实现跨文化管理

顾顺钰

维苏威高级陶瓷（中国）有限公司 北亚人力资源副总裁

在十二年的跨国管理中，非常重要的收获是用欣赏的目光看对方，用逻辑和专业工具而非实践来指导，可以有效打破所有歧视和文化差异，实现有效领导。

不同文化环境，欣赏对方文化是避免歧视的开始。所谓歧视，就是在自己文化环境里可以容忍的错误对外来人员采用"双标"，变成零容忍。直接对抗这种态度导致歧视的加剧。当我们尝试将聚焦点放在对方自身没有注意过的优点上时，很容易改变对方的态度。遇到问题，不要提及，中国如何如何，而是追根溯源，逻辑推导，用在中国实践中将核心变量作为研究对象，减少推导时间，推出建议方案，结合专业工具产生的专业印象，在过程中欣赏对方提供的一些建议，适度采纳，将很容易保障在海外团队中的可接受性。

201
"以人为本"，拥抱不确定性

Demi Yao

华联咖世家 人力资源总监

选择即要热爱，首先要求自己，真正地尊重与热爱所服务的雇主品牌，

187

这是基本的职业价值观。做到对雇主文化深层次的了解，能够真正解读文化而非阅读文化，先做文化身体力行的践行者，而后是引领者、推动者与推广者。

其次寻找到自己在组织中真正的价值体现，知道整个组织是如何运作的，清晰地认知职业角色在组织中的功能，从了解业务，服务业务，助力业务开始。今天我们常常听到 VOKA 这个词，好像世界变得令我们越来越难懂了，作为 HR，要始终不断地学习与成长，更新和迭代知识、能力、技术乃至颠覆思维。但最重要的是秉承"以人为本"的信念，做到对人的理解与接纳、具有同理心，相信每个个体有无限潜能，公平与公正地对待每一位伙伴，不断挖掘、提高自己的能力，助力他人，怀着赤子之心去拥抱一切的不确定性。

202
全球企业文化建设：美美与共，天下大同

Sam
药明生物　全球文化总监

中国企业"出海"，建立全球适用的企业文化，激励全球员工，支持全球业务发展，是一件不容易做好，但又必须做好的事情。首先，需要建立全球统一的文化故事和体系。不能因为各国文化不同，就允许各国分公司建立自己的小文化，排斥他国文化。其次，在建立全球文化之前，需要各国同事做好沟通，充分听取他们的意见。再次，在文化项目落地时，需要充分考虑海外的业务及员工特点。最后，中国和海外必须建立沟通机制，中外各方需要充分理解和欣赏对方文化的美，如此才能让文化在全球落地。

第十二章

HR的自我管理

203
一次性把事情做好、做到位

张行国

东莞中佳地产开发有限公司 人力资源总监

HR工作者，很多时候需要同时处理多个事务性工作，然而一个人的精力有限，如何在有限的时间内快速将事情处理完毕，这需要HR有较强的时间把控能力和高效领悟能力，那么如何才能提升时间把控能力和高效领悟能力呢？

第一，学会每天做工作计划，通过计划分解，通过"文件筐""SMART"将事情的轻重缓急和重要性进行排序。

第二，每天对当日工作进行总结，并写出当天的工作感悟，培养做随身笔记的习惯。

第三，一次性将工作做对，减少二次或多次返工及补救造成的效率低下。

第四，工作开始前，收集工作背景、人员状态、查看过往记录，力争做到"急事细办、大事缓办、特事思办"。

204
培养独立思考能力

Sam Qian

APEX Tools 人力资源总监

你的人生，应该掌握在自己的手中，而非盲从他人的观点。HR工作要与形形色色的员工和错综复杂的事情打交道，判断如果出现错误，往往后果会很严重。我们在作判断时，经常因为信息不足而求助于他人提供相关证据和资料。这时，材料提供者的表述方式和评论风格便会影响你的独立判断。这时，是选择相信自己的判断还是他人的观点呢？其实应该把二者结合在一起，然后通过认真独立的思考得出结论。思考时，只要逻辑上讲得通，客观上证据也全面充分，就可以得出结论。你绝不能接受的观点是：从别人那里听来的，感觉是对的结论。因为，不经过独立思考的工作，质量的高低只能靠运气。

205
HR工作是一项需要担当、责任重大的工作

王炳彬
上美集团　人力资源总监

对于 HR 来说，对业务的理解是基础，在基础之上对组织对人有深入的把控力。组织也好，文化也好，发展也好，归根结底的原点是每个个体的成长。HR 的核心任务就是让员工、让组织变得更好。HR 建立的流程是希望每个人，无论其资历如何，都像公司的主人翁一样做事。

在寻求团队 HR 的时候，除了专业能力，我的目标都是了解他们真实的自我，因为任何一个 HR 作出的判断都有可能影响公司、组织的现在和未来。

206
你可能不是个领导，但你必须要有领导力

周颖
俪馥（上海）贸易有限公司　人力资源总监

"人力资源"（Human Resources）这个词本身就非常有意思，作为一名
HR 从业人员，首先你应该是个"人"，是一个组织的个体；同时你又要整合
"人力"这个资源，也就是如何让所有人成为这个组织所需要的重要资源。
把一个组织比喻成一辆车，HR 不是这辆车的方向盘，也不是这辆车的轮胎，
而应该是这辆车的引擎。虽然在组织中不显山不露水，却是推动组织快速向
前的重要部件。所以，作为一个 HR 从业人员，你可能永远不是这个组织的
领导，但你必须拥有超强的领导力去推广文化，引领变革，驱动发展，真正
成为业务部门的战略伙伴。

207
成为温情而敏捷的花木兰

应明
文华东方酒店集团（上海浦东文华东方酒店）　人力资源总监

总说职场如战场，而作为人力资源的管理者，又似乎处在战场后方的

中心。

我们不在前场厮杀，却在后方将士间斡旋、调配和处理纷争；我们是不被看见的战斗者，但是我们不比任何人轻松和安全。在这个战场中，作为花木兰，也就是女性人力资源管理者，我们需要多么坚强，多么强大，多么奉献，才能取得自己的位置呢？

在经过多年的职场厮杀后，我更坚定了我们应该成为有温情而又敏捷的花木兰的信念。

我们是女性，这是事实，也并不是劣势，所以我们要成为有温情的女性，抱有更多的包容和关怀；我们要成为敏捷的女性，持有更谦逊和学习的态度；我们爱自己也爱别人，我们能体会别人也愿意温暖别人。

我们不比任何人强，但也不比任何人弱；我们愿意在人的战场中，体会和建筑更多人情；我们愿意成为一个带来温情感受和敏捷思维的女性，一个不披铠甲的花木兰。

208
HR的边界意识

潘现玮

星合集团　人力资源副总监

处于传统的人事管理的 HR 常被定义为服务部门，处于大众化的人力资源管理的 HR 被视作支持团队，处于风口浪尖的人力资本管理阶段的 HR 被划入战略伙伴。但无论处于何种情况，我们都要意识到边界的概念，尤其是 HRM 以上的职位。向上不能代替领导思考和发声（所以不要再"恨铁不成钢"），向下不能事无巨细，横向更是不要落入深入业务层的窠臼。这并不是说消极对待或不负责任，我们需要承担团队管理的设计和组织功能，但我们需要认识到，HR 也只是组织中的一个功能模块，不需要神化，也不需要自诩无所不能，更不需要刷存在感。诊断组织问题只是我们的业务技能，但谁的问题谁解决才是解决问题之道！

209
关注大局

李华珏

东鹏控股股份有限公司　　HRVP

"人力资源"第一个字是"人"，而人又是一个最不确定的主体，不同的人在不同的环境、时局、形势、背景下都会有不同的面貌风格。因此，建议 HR 从业者做人的工作就要先从关注大局开始，时刻了解社会环境、背景形势等，培养自己的宏观格局，让自己不跳脱于产生人的行为和意识的客观环境和条件去理解人，以及去处理微观层面跟人相关互动的工作。

一是关注客户。HR 的工作是一个后台的赋能工作性质，这就决定了我们对客户的需求理解至关重要。客户的需求也是业务经营的导向。作为 HR，要时刻问自己，你对客户足够了解吗？你对客户的需求足够明白吗？你跟客户的沟通足够畅通吗？你与客户的立场是一致还是背离的？你的工作为客户创造了哪些价值？这些都是让 HR 懂战略、懂业务的出发点。

二是关注自我。出色的 HR 是一名战略分解协调者，是一名人才探掘师，是一位组织文化践行员，同时还是一位洞悉世事、明察秋毫和传递能量的人情官。因此，HR 是一个多面手，在这个多面手的身份中，HR 也需要关注自己，什么时候呈现什么状态，还需要不断地精进学习去创建和丰满自己的多面性。

210
做一个有温度的，像水一样灵活的HR

刘瑞红
帆顺包装集团有限公司　CHRO

首先，要根据不同的人际关系调整自己的沟通方式，敏锐地觉察对方的需求并"与之共舞"。只有对方与你在一起有美好的体验，才愿意与你敞开心扉，形成高质量的沟通并达到目标。

其次，作为HR，公司内部的业务合作伙伴，要有深厚的理论基础，因为只有这样才能给业务领导提出专业建议和方案。所以要终身学习，不断学习专业知识；要随时了解业务的发展动向，以随时调整HR策略。

不断提升自身的情商和领导力。作为HR，每天要在不同的利益相关方取得平衡，如何保持一颗正直的心，保证公正、公平，是我们需要一直修炼的。

211
以专注应万变

Tina Meng
制霸科技　前人力资源总监

作为一名有二十多年工作经历的HR老兵，我时常会被年轻HR问起：

我到底要怎样才能做好 HR 呢？问题中的压力和无奈感显而易见。

的确，组织对 HR 寄予了甚高期望，而来自组织内部客户各方的声音和诉求、人际问题的微妙与复杂、专业知识技能的突破、永恒不变的变化、难以被理解和认可的心理负重等现实问题又给 HR 带来使命与现实之间的巨大落差。

我们有必要调整对 HR 角色的认知：其实，职场本没有全能 HR，可以帮助我们做得更好的唯有专注。专注是一种高效解决问题的思维方式，是让我们回归于事情本身，就事论事，不过分解读，帮我们厘清思路与方向，找出问题根源是什么，我们该做什么、为什么、如何做，等等。专注还是一种心态，让我们遇到困难和挑战时能够理性从容，不冲动，不焦虑。它不是专属 HR 的方法，但 HR 一旦掌握并熟练运用，于己于人于组织均有着不容小觑的意义和作用。

因而，面对日常来自内部客户的高难度诉求，我们不会再觉得对方在针对或为难 HR，不会情绪化带出诸如"凭什么"的抱怨，而是会聚焦问题本身，尝试理解和分析问题，判断其合理性，与对方合力找出解决问题的办法。在接到投诉和不满时，专注可以让我们迅速冷静，敞开心扉接受对方的情绪和抱怨，听听对方为何投诉、抱怨我们，问题症结在哪里，然后给出解决方案，从而化解矛盾，重建互信。

只有 HR 的专业形象得以树立，才有资格、有自信为企业文化代言！

212
把勇气坚持到底

乐燕敏

铁山 中国及东亚区人力资源总监

优秀的 HR 是需要勇气的，要有勇气参与公司的经营决策。不仅要有勇气提出自己的见解（当发现公司在决策上有问题时），还要有勇气表达自己的不同意见（并有能力影响公司决策层调整决策）。HR 也要有勇气请人走。不仅要敢于请绩效不佳的员工走，而且有勇气用理性与情感结合的方法在公司战略调整时请冗员走。HR 还要有勇气为守住底线而自己走人。当你发现这家公司或"一把手"的底线价值观有问题且不愿改变，譬如诚信合规，那么就要舍得离开，因为 HR 必须是能守住底线的人。

213
拥抱未知，乐于挑战

Linda Wu

德瑞医疗中国 人力资源总监

当生活或工作遇上未知的变化、陷入困境危机的时候，就看我们是选择消极退缩，还是坦然理性地正视现实，积极勇敢地接受并应对变化了。只要我们始终以积极开放的心态去迎接未知的变化和挑战，将变化和挑战作为提升自我和历练的机会，那么这世界上就没有无解的题，特别是当挑战被你最终攻克和破解的时候，那一刻是最幸福的，会让我们更加坚定"山重水复疑无路，柳暗花明又一村""车到山前必有路，船到桥头自然直"的信念，能量满满地踏上征途，继续迎接前方充满光明而又曲折的一个又一个崭新的未知和挑战。

214
持续学习助力成长，力守需求成就职业

吕朋

力诺电力集团股份有限公司　人力资源总监

HR日常工作除常规的事务工作外，打交道最多的工作对象就是大家日常泛指的生产、销售等直接利润产出的一线业务部门。所以，无论HR处于哪个层级，都需要结合业务实际，构建属于HR自己的业务知识体系和思维框架，再以HR工作开展助力业务发展，最终实现工作成果输出与工作、自身提升的多赢状态。

在快速变化的外部环境和各种扑面而来的多维信息中，我们不仅需要了解感兴趣的话题，还要立足自身去熟悉、掌握我们所处行业的发展、演进和公司业务的关键点等；然后，化繁为简、找到关键项、厘清路径贴近业务，基于对公司内外部环境的研判，提升工作落地效果。HR在企业中多角色的定位，决定了HR必须躬身入局，理解真实的业务策略，掌握业务部门和公司运营过程中HR的工作方向。解决方案的提出，不是看HR想做什么，而是看行业发展以及公司运营发展过程中需要什么。

策略和技巧能够取得节点性的胜利，但对长期主义的信仰能够决胜未来。我们未必能够帮助企业走得最快，但我们希望能够与企业一起走得更远。

215
独立思考，依靠热爱和勇气创造价值

Ruby Ru

博雅辑因（北京）生物科技有限公司　人力资源总监

HR 作为公司和员工之间沟通的桥梁，保持独立思考的习惯尤为重要，这与 HR 的使命，即帮助公司实现业务目标和帮助员工实现个人价值是密不可分的。

HR 既要多听取高层和员工的想法，也要保持清醒，切忌人云亦云；简单粗暴地执行了事，否则很快就会沦为技能要求单一且毫无竞争力的事务型 HR。

在平衡公司和员工的道路上，HR 常常不被理解，唯有保有热爱这份事业的初心，驱动向前，增益勇气，才能去对抗艰难。很多时候，坚持本身就是胜利。HR 的小伙伴们，相信你自己的专业度，勇往直前吧！

216
与时俱进，不忘初心

Golden Huang

必维国际检验集团　中国区前人力资源负责人

HR 的信仰是什么？我们的初心又是什么？在企业里，人力资源工作者常常会遇到各种突如其来的挑战，比如业务扩张、组织变革、收购与兼并、领导力提升、成本控制、劳动关系……各种挑战应接不暇。在 VUCA 时代和人工智能时代，挑战愈演愈烈。

回避不能解决问题，唯马首是瞻也不是长治久安之道。我们要有面向挑战的勇气、客观公正的心态、深思熟虑的决策力、与时俱进的思想观念，只有遵从内心，不忘初心，才会逐渐建立起 HR 的公信力与影响力。

217
遵从"外圆内方"的职场处世原则

Angela Yang
长江存储有限责任公司　人力资源副总裁

游走在雇主和员工间的 HR，如何促成雇用双方双赢的格局，如何保持亲和力、遵守公司纪律和国家法规，这些却需要 HR 的高超处理事情的技巧。我总结的"外圆内方"是指内心始终要有原则和底线，但所表现出来的处世之道一定要有弹性和亲和力。这也是普通 HR 从业人员向顶尖 HR 迈进的必由之路。

218
内心强大才是真的强大

Cici Chen

百世物流科技（中国）有限公司　东北区人力资源总监

人力资源从业者所做的工作均是围绕人来开展的，每天都需要应对和处理很多复杂的问题，既要经受得住各种利益、权益及人性和原则的考验，又要不断地调整和修复自我。即使自己内心已经在滴血，仍要去安慰别人，即使被误解，仍能对工作保持热爱。内心强大才能无所畏惧，才能一往无前。

219
做一个会玩"乐高"的HR

史晔

豫园股份　联席人力资源总经理

在当今时代，公司业务、组织、人才需求每天都在翻天覆地地发生变化，所以"一招鲜吃遍天"的情况已经不复存在了。对于HR的管理要求复杂度和应变速度要求也已经大大提高，如何做一个最适合当下且能不断应变升级的管理体系产品是HR需要思考的一个重大课题。乐高的产品就是一个可借鉴的很好的产品思路。所以，我们需要做好以下方面。

第一，定义清楚 HR 管理的最小颗粒度"积木"，例如，组织上，岗位不是最小颗粒，业务工作环节中一个不可拆分的最小动作可能才是最小的颗粒，它代表着执行一个业务动作所需要的权限，所需要的能力，能产出的 KPI，等等。

第二，当业务架构、组织架构发生变化的时候，HR 可依据实际业务场景和管理需求，用最小颗粒的"积木"快速搭出一个稳固的、适合的组织架构及对应的考核管理激励体系，并且能兼容多元业务的不同需求。

这个我们且称之为"乐高"理论或者"积木"理论。

220
避免错误行为的重复发生

袁健

微康益生菌　前人力资源行政总监

过去的行为预示着未来的行为，人的行为总是会重复发生，特别是重复的错误行为。你有犯错的权利，但屡犯同样的错误就是一种浪费。

每一次实践都是宝贵的经历，但如何避免错误行为的重复发生？首先，回顾错误的过程，省察个人行为，从自身寻找问题；其次，找到犯错的原因和解决办法，多次练习强化；最后，记录错误的整个过程，举一反三，可以找到新的思路和方法。

221
不要自我设限

Jessy LI
通用磨坊中国　人力资源总监

在我看来无论你是谁，无论你有多成功，你永远都是在和自己竞争。世界著名网球教练添·高威（Tim Gallwey）说过："真正的对手不是比赛中的对手，而是自己头脑中的对手。"因此，如果你为自己设定界限，你就不会超越这个界限，因为有一种内在的声音对你说："我做不到，我不擅长这个，不擅长那个……"那么你宁愿待在你的舒适区，也不愿意走出去拓展其他未知的领域。这样做的结果是你更擅长或精通于你已经擅长的事情，但你失去的是探索新事物的机会以及其他潜在的可能性。

很喜欢黑石基金创始人苏世民在《我的经验与教训》里的一句话："做大事和做小事的难易程度其实是一样的。所以我们要选择一个值得追求的宏伟目标，让回报与你的努力相匹配。"与读者共勉！

222
保持"敏感"

Emma Sun
海宁朗豪酒店　人力资源总监

"敏感"会让人力资源从业者消息灵通，提前发现问题，进行预防。但并不是所有的事都要去注意，比如小道消息。

"敏感"也会让人力资源部门发挥更大的作用。对于公司业务及营运状况的了解，会有利于提出更加切实可行的人力资源策略及战略性意见；对部门营运需求的了解，有利于更好地进行人才定位和匹配；对团队及成员的了解，则能更好地改善沟通。

"敏感"还会驱动你不断地吸取各领域的新鲜知识，有利于创新思维和个人的成长。

223
HR的"有趣"人格特质

Star Wang
罗德传播集团　亚太区人力资源副总裁

不管是什么行业、什么性质的公司，员工来感受 HR，都是通过你这个人来感受你的角色和工作的，因此，我个人会非常看重"有趣"这一人格特质。有趣是通过一个人的外在表达来呈现的，同时又反映了一个人的内在资源是否丰富，感受力是否强。都说后浪时代难以管理，表面上看，是"后浪"说的话我们不一定懂，喜欢的东西我们不一定认同，而这差异的背后，也许是我们封闭了对新语境、新追求的好奇心。我们许多同行，言必谈模型、三板斧、杨三角这样的管理工具，这是无法和员工同理共情的。做一个有趣的人，不为打卡而阅读，不为学习而学习，保持着对人、对社会事件、对山川风物等真正的好奇心，丰富自己内在的思考力和感受力，最终也会因为有趣，而让这个角色和职能有更多的影响力。

224
你是传统的HR，还是跳脱的HR？

刘大福

贝朗（中国）卫浴有限公司　人力资源总监

作为老板，希望HR能与战略保持一致，不是只在考勤、档案等琐碎事务上忙前忙后。

作为业务单位，希望HR能给予支持、协同与赋能，成为自己的伙伴，不只是监督者和管家。

作为HR，希望自己既能站在战略的高度，理解企业经营与发展策略，又能成为业务单位的伙伴。

现实中的HR是不是这样呢？招聘、行政事务、知心小姐姐小哥哥、画架构、订KPI方案……还经常把六大模块挂在嘴边。希望做成高大上、专业的HR，却依旧做着传统HR的工作。

假如你是一名跳脱传统的HR，是否在企业战略与发展上，主导组织设计、人才规划与供应链、业务伙伴、文化建设等，体现自己的作用与价值呢？

其实，我们追求体现价值，我们一直在路上……

225
设计"职场标签"，展现真实的自己

Anne Qu

海尔智家　全球招聘及雇主品牌总监

从孩提时期的"外号"，到学生时代的"昵称"，再到工作后给自己起的"花名"，无论你内心是认可还是排斥，标签都始终在，而且影响着他人的印象管理。

浏览器里对"标签"的评论，褒贬不一，而其最大的区别在于是"被动接受"还是"主动设计"。在纷乱复杂浩如烟海的组织信息里，如何在第一时间将自己最核心的个人特质传达出去，占领别人的心智空间，让你的老板在涉及这个特质时，第一个想到你，这是职场标签"最省力"的表现。

那么，如何设计职场标签呢？

首先，内心导向。标签代表自己的个性特质，一定要从最真实的内心需求出发，而非组织需求，现实中迷失在标签困局里的例子比比皆是。寻找本我，是最基本的准则。

其次，优势锚定。从自己专业、能力和个性三个维度锚定自己的职场标签。是"技术大牛"，还是"超能力者"，抑或是"靠谱打工人"，只要是属于你的与众不同，就可以。

最后，不断强化。所有标签背后的行为表现是根本发力点，只有用足够多的行为举例来验证并强化这个标签，才能够真正地让酒"香"起来。

226
成功人力资源从业者的两个特点

徐莉萍

君澜酒店　人力资源总监兼总助

成功的人力资源从业者都会具备两个特点。

一是有"成就他人"的初心。企业里员工的创造和发展是企业持续健康发展的有力保障，而好的人力资源管理就是不断地调动员工积极性和创造性，促成员工和企业的共同成长，并由此建立独特而有魅力的企业文化。

二是深刻理解企业的发展战略。即能够在战略的指引下了解业务部门的各项策略，从而制定出高效可行的人力政策、制度、策略，成为企业各部门都可信赖的业务伙伴，真正体现人力资源在企业中的价值。

227
HR从业者的工作关键词之一是"平等"

Zan Huang

社会区组织　北亚人力与文化总监

首先，员工与雇主平等。只有摒弃居高临下的姿态，将员工视为平等的工作伙伴，积极兑现对员工的承诺，企业才可赢得员工的信任、尊重和忠诚。

其次，员工之间平等。以制度手段确保每位员工不仅拥有平等表达观点的机会，更具有平等获得成功的机会，营造一个没有歧视、开放包容的职场环境，是提升员工敬业度的关键。

228
保持公心

Jack Chen
西域供应链　人力资源总监

我经常听到业务部门的人员戏称人事部为"不是人"，人力部门很多时候成为老板监督员工的"警察部门"，与员工对立；又或者老板不满意，觉得人力部门不理解公司压力。我非常理解 HR 同人的处境，那么，如何才能更好地扮演这个角色呢？答案就是保持公心，我们所做的一切工作有利于组织能力提升，这点其实是格局。任何组织都是一个复杂的系统，而人事部门历来是各类矛盾的聚集点，我们每天都会面临很多艰难的组织、人员方面的决策，正是公心支撑我们跨越黑暗、坚持做正确的事，这样我们就能受得住委屈，担得起责任，做得出成绩。

229
学会悦己自愉，拥有强大内心

陶玉婷
海南莱佛士酒店　人才与文化总监

在越发突出企业文化在企业管理和发展中重要性的今天，作为企业文化的树立者和传播者，HR 除了企业赋予的六大模块外，还承担了给企业员工传递爱与温度的"妈妈＋导师＋居委会＋心理医生"的角色。当 HR 忙于用热情去激励其他企业员工时，谁来点燃强压下的 HR 从业者的激情？自己，自己，还是自己！

首先，要正向面对，不要轻易被别人的情绪和言语所影响。跳脱看事件，辩证思问题，积极想办法。

其次，要寻找适合自己的兴趣点和快乐源，美食、旅行、购物、冥想、运动、进修、聊天……只要适合且有效就都是选项，但一定要有。不是为悦己者容，而是学会悦己为荣。

最后，拥有面对一切发生之后的佛系心态。尽全力追求最佳结果的过程，不纠结于既成结果。过去已去，未来未来，把复杂捋成简单方能修炼强大内心。

230
优秀HRD或HRVP应该具备的软性能力或准则

肖维

环球音乐集团　大中华区人力资源副总裁

职场硬性工作准则或技能已经有 N 多版本，对标成功的 HRD 或者 HRVP，我更想从软性技能的角度来做解析。

在采访和观察过一些 CEO 和企业领导后，我认为一名优秀的 HRD 或 HRVP 应该具备以下软性能力或准则。拥有这些职场软技能，你就是老板心目中合格的 HRD 或 HRVP 人选。

第一，格局大气。老板信任的是心系企业、着眼大局而非小我的 HR。优秀的 HRD 或 HRVP 在企业中要帮助老板塑造企业文化，所以除格局要大气外，对其眼光、胸襟、胆识等心理要素和看待问题的深度和境界的要求也比较高。

第二，调兵遣将。好的 HR 不会仅仅停留在接受老板下达的任务，比如招聘、裁员、薪酬、培训等具体工作，他们心中应该有一幅人才地图，知道内部员工哪些业绩好的可以"培养"，哪些业绩差的要"下岗"，谁要保留或激励，谁可以通过调动或培养来弥补内需，当然也要知道从哪里可以猎取合适的外部人才。

第三，灵活性。原则性是制定企业政策的 HR 人员必须具备的基础准则，但因为 HR 从事的是人的工作，在适当的场合要有慈悲心，不能生硬照搬原则，要具有处理事务的灵活性。

第四，解决"痛点"。如果企业中老板和业务高管遇到问题的时候第一个能想到找你咨询解决，你也能真正地为企业解决问题或"痛点"，你就可以走进核心管理层。

第五，双商在线。智商、情商都很重要，情商却是优秀的HR从业者必不可少的软技能。我们没有见过情商低的HR可以走进受老板信任的核心管理圈层，或者能很好地完成跨部门沟通和协作工作。

第六，群众基础。一位好的HR领导，除了具备基础业务能力以外，如果企业内部没有人可以为你背书，没有人为你提供企业内部的信息，你也只能是曲高和寡，很难根据多方位信息对事情作出相对明智的判断。

第七，迭代成长。躺在自己的功劳簿上或吃专业技能老本的HR是很危险的，你需要不断检验自己的理论和实践基础。无论是在专业论坛上发表自己的观点来检验自己的认知，还是通过不断学习理论知识来迭代提升自己，抑或通过外部HR同人作为你信任的"英雄联盟"为你随时对标行业标杆或者提供反馈来"照镜子"，都能为你的迭代成长提供养分。

231
从事HR职业的必备前提

Cissy Wang
鉴甄检测技术　人力资源总监

很多人认为做HR的起点不高，什么专业什么学历的都可以来做HR，认为起点不高而且杂是HR群体的一个特性。随着互联网的兴起，在阿里巴巴马老师的带头下，国内越来越多的老板认为HR是重要的，但这种重视大多还是浮在表面上。

我觉得，如果想从事HR这个职业，必备三点前提。

第一，要了解自己，了解自己的性格、自己的逻辑能力、自己对周围人的认知和情绪识别能力，你想要的是什么，你是不是原则性很强的人。对自我的清晰认知是决定你能在 HR 这个岗位走到哪一层级的最关键且最核心的因素，因为 HR 是一个综合能力要求很高的职位，会有法学、社会学、管理学、心理学等学科知识的交叉应用。最厉害的 HR 应该是在公司里起到润物细无声的作用，别人看不到你做了什么，但是一切看上去又那么和谐圆满，就像医生一样，治未病的一定比治重病的更厉害。

第二，作为 HR，最关键的性格特征是真实和亲和，而不是圆滑和严厉。

第三，作为 HR，尤其是 HRD，选对企业选对老板很重要。外企里大多是职业经理人，有完善的体系和做事流程，HR 的经费较充裕，相对来说是比较容易的；国企里，条条框框会比较多，但目前国企改革后，HR 的工作也越来越接轨市场，可以施展拳脚的空间也越来越大；民企和私企是目前最大的群体，老板的不同会导致 HR 的工作难度差异很大。如果是刚入行的 HR，选择制度规范、企业文化契合自己的公司是一个不错的选择。

232
帮助领导者"照镜子"

Rosalind Sheng
葛兰素史克　中国人才、领导力与组织发展总监

人力资源从业者若想成为真正的业务伙伴，发挥自己专业影响力，很重要的一项能力，就是成为领导者的"镜子"，帮助其甄别自身盲区，提升自我认知，不断增强领导能力，激发团队和组织的愿景与动力，最终推动业务发展。

那么，该如何做？我们可以从特质和能力构建两方面来看。

在从事人才、领导力与组织发展十五年后，我深刻地意识到，这个领域

的从业者，需要有极高变革适应力及快速学习能力，始终保持好奇心和开放的心态，热衷于分享和影响他人，热衷于帮助他人成长。

在此特质的基础上，自身的专业能力及对业务的熟悉及洞察力非常重要。具体来说，专业能力可以涵盖组织行为学、心理学、领导力及变革的各种理论、团队动力学、经过验证的测评工具等，要有深度，也要顾及广度；同时，不能只是空有理论纸上谈兵，还应不断提升对业务的理解，洞悉领导者在推动业务时的"痛点"，这决定了你能否将理论真正应用于实践。如果有机会，多参与一些人力资源内部甚至业务部门的轮岗和实操项目，通过实践中学习，获得真正的洞察。

如果建立好这些基石，并在运用中听取反馈，不断调整，不断改进，那么与业务领导者建立信任，使他们愿意被影响，被提升，获得改变，将不会是难事。

233
平衡与否，是你的选择

刘丹

埃森哲　大中华区运营管理高级总监

在日常培训和教练访谈中，"工作、学习与生活平衡"的话题常被提及。二十余年的人力资源工作使我知道，平衡没有一个标准的尺度，工作与生活是否平衡，时间比例分配多少算是平衡，这些都与个人的心态和选择有关。

就拿母亲对孩子的陪伴来说，有的顾问常年出差，但她每天晚上会和孩子视频，还通过视频辅导孩子作业；有的同事会每晚陪孩子玩耍1个小时，之后再处理学习和工作；还有的人是选择每周末和孩子"约会"一次，吃个大餐，喝杯饮料，聊聊天。这些做法对有的人来说可能不算平衡。

另外，在不同的时间段，平衡的侧重点和方式会不同。除了上述的方法，在孩子初中比较自立时，我和孩子约定一起成长，平日早晚陪伴和照顾孩子，周末用于个人的学习。而且我发现，持续学习可助力职业发展，对孩子教育和家庭关系也带来了积极的影响。

可能有人会说，在工作、家庭之外，还要安排碎片时间用于自己成长，会不会太累。我认为这也是选择的问题。这里的建议是，无论做怎样的选择，一旦选择，就要投入其中，心无旁骛，这会让我们更轻松。

最后，分享维克多·弗兰克尔的一句话："人类的终极自由，是选择态度的自由。"

234
做人有底线，做事无极限

Flora Jiang

立德国际商品检定（香港）有限公司　大中华区IAAS业务运营主管

作为人力资源从业者，在任何一家公司都扮演着文化大使、价值观楷模的角色，所以，做人有德行原则、有职业底线是最基本的职业素养，抛开这个的任何成功都是昙花一现。

除了底线是固定不变的，其他都要灵活多变，已经很少有公司会生搬硬套别人的成功模式了，优秀的 HR 要熟悉各业务模块，真正了解企业的长、短期目标，并成为目标的促成者，而不仅是记录者。无论从业多久，都要保持谦卑与积极的态度，这个世界用我们无法掌握的步伐变化着，随时有我们不知道的新技能产生，只有不断学习与理解，才能顺应变化的组织变革。此外，不要沉浸在自己过去的学历或工作经历的辉煌，永远谦卑地活在当下，要有野心地规划未来，让个人和企业的未来有无限的空间。

235
HR的四种"原力"

Raymond XIA

希尔顿全球酒店集团　助理人力资源总监

在复杂多变的竞争格局中和富有挑战性的商业环境中，HR 如何发挥个人价值，激发每一个组织细胞，推动具有创新力和包容性的公司发展，似乎是最近几年很多人力资源从业者的困惑焦点。

要解决个人、团队、部门和组织的问题，我觉得 HR 首先要具备并释放四种"原力"，即影响力、学习力、坚韧力和创新力。

第一，影响力。HR 的影响力来自 authenticity（真我），真诚是与他人建立信任的最重要要素之一，也是 HR 每天工作的行为准则，缺乏真实且有感染力的沟通和互动，HR 会越做越孤独。同时，无论你今天是在简单品牌的 structure 还是复杂的 matrix organization 担任 HR 角色，专业度是彰显个人影响力的另一个制胜法宝。在业务部门甚至其他职能部门眼中，所有和人相关的问题都是 HR 的职责，功力的深浅决定了你在他们心目中的地位。

第二，学习力。HR 是一个可以终身学习的职业，因为你可以跨 HR 职能来获得更多 HR 的专业知识和能力，也可以通过跨行业来体验并解决不同业态下的挑战和难题。当你停滞在一个空间或知识领域里，思维一定会禁锢并老化。这也是为什么当物联网、新零售、数字化等新概念和新商业模式出现的时候，我们会觉得知识储备已无法满足日益更新的商业环境，并有可能丧失更多的职业发展机会。持续并多元地学习，跨界尝试不同的行业和 HR 职能，都会让你保持和当下同步，并与未来相拥。

第三，坚韧力。周围的 HR 每天都在遭遇各种不同的逆境，比如企业深陷负面新闻，造成人员流失严重；业务部门的新兴岗位外部市场人才供给不足；跨部门的审批流程走得不顺利；组织并购导致两种文化和管理方式的冲突；等等。具备积极的心态是打造坚韧力的前提，每一种挑战都会增强 HR 的自身战斗力和逆境管理能力。学会精力管理，明确并清晰自身和组织的目标，让自己在体力、脑力、情绪和意志上都能产生共振，抗挫能力自然会上升。

第四，创新力。HR 往往被认为是离"创新"最远的那个部门，因为我们过于强调规则、胜任力、流程，但实际上出色的 HR 会用 PR 的角度去打造 EVP 和雇主品牌，也会将 AI 等新技术用于人员甄选、招聘渠道创新以及人员发展方式创新已经能让 HR 站在更高、更广的视角与内外部联动，激发组织活力的同时，成为企业价值创造的源动力。

236
年轻HR的理念和态度

张琳

东亚前海证券　人力资源总监

对年轻的 HR 朋友，我有两个理念和态度的建议。

一是"以终为始"。要区分目的和手段，要能够经常跳出日常工作和方案细节，万事行动之前都要先考虑一下这件事的最终目的是什么，目的会指引你作出更好的判断。

二是"守正出奇"。我喜欢将其解读为心中能够坚守明确的原则，而具体做法可以创新求变、灵活变通。这里的原则是道，既包括公司的核心价值观，也包括人力资源管理最本质的理念；具体做法是术，涉及人力资源的各种机制和具体实施方式。这就要求如何在遵循原则的基础上，采用创新灵活的方式解决业务的实际问题。

237
HR要不盲目跟从，也不故步自封

Annie Bai
大昌洋行（上海）有限公司　大中华区人力资源总监

大家惯常的思维是严格按照岗位描述工作，画个框框圈定职责范围，一旦超越了范围就会觉得会不会做太多了，或者侵占了他人的工作范畴，其实完全不需要有这些顾虑。虽然我们是 HR，做的是与 HR 相关的事情，但很多时候我们无法去圈定界限，如果觉得可以做，有成效，那就放心大胆地去做，所有的付出都会有回报，过分计较得失反而患得患失，惊喜往往会出现在不经意间。

另外，很多公司希望要做"时髦"的事情，这个理念没错，只有紧跟市场才不会被市场淘汰，但市场上什么热门做什么也未必是明智之举，我们更应该帮助管理层去冷静分析，哪些是适合公司的，哪些未必有预期的效果，如何把适合的"时髦"引领到公司，让它有公司的属性落地生根才是最重要的。

238
HR成功的软能力：换位思考，体察人心

戴家亮

无锡祥生医疗科技股份有限公司　人力资源总监

HR 是公司的发动机，也是公司的润滑剂，是公司的守卫士，更是公司的激励师。

说 HR 是公司的发动机，因为 HR 要推动公司管理、人才与组织的发展，推动公司逐步升级，快速迭代；说 HR 是公司的润滑剂，因为 HR 要融顺公司、员工、部门上下级的关系，减少矛盾，统一文化与价值观；说 HR 是公司的守卫士，因为 HR 要制定制度、确定标准、规范流程，使公司与员工的行为有章可循，有度可依；说 HR 是公司的激励师，因为 HR 要激发员工潜能，促进公司业绩提升，实现一级又一级的目标与战略。

以上各方面的成功，都必须建立在 HR 要具备换位思考、体察人心的软能力上。因为 HR 是介于公司与员工的中间人，是介于部门与部门之间的中间人，只有能深刻地体会到公司、老板、各部门与员工的需求，结合人性的特点，才能推动发展，融顺关系，定好制度，激励人员，从而达成公司与员工的共同发展，丰富收益。

239
"人"和"心"，是人心所向

黄震洋

豪洛捷　中国区人力资源负责人

人力资源从业者的工作是用心带着光和温度，给组织及周边的人带来帮助和温暖的。在当今不确定且快速变化的时代，不变的和不能被人工智能所取代是人与人之间的互动和人的需求。人力资源从业者在不同的情境和组织个人发展的不同阶段，本着回归人心的方式做人做事，会收到事半功倍的效果。心理学、哲学是需要常常翻阅的枕边书。

第一，气出一孔。管理准则是效率和人性的合体。HR工作的意义是什么？在组织层面，是使人们的行为与组织的战略、结构、流程、业务目标、绩效等相符合，从而形成战略在人才方面的协同和落地。在个人方面，更好地激发、了解、发挥每个个体的优势和组织目标契合，从个体的经验、能力、个性和自驱力方面更好地发展人才，从而达到气出一孔。

第二，居安资深。不断学习保持敏捷、深度思考的大脑，洞察内外部环境市场。在平日实践工作中，不光埋头苦干，还要抬头看路。不断总结积累复盘迭代，形成自己的资源知识思维认知体系。逆境，是最好的学习和成长的机会。

第三，源头活水。整合各种资源和保持成为内外部资源的提供者。HR的工作既是艺术又是科学。基本功很重要，需要大家在真实的场景里，不断输入和输出。不仅要聚焦当下活学活用，还要学会借力借势。

做个有态度、有温度、有深度和有广度的好 HR，我们一直在路上。

240
HR要保有一颗好奇心

Vivian Liu

亿咖通科技全球　首席人力资源官

HR 在任何时候都要保有一颗对新事物和新科技的好奇心。正如一枚硬币的两面，数字化为 HR 提出挑战的同时也带来很多机会，最典型的变化就是从幕后走到台前，"HR 也有机会和业务人员一道去前线'作战'，这就是人力资源的商业价值所在"。

更多时候，数字化之于人力资源所带来的改变是，数据就像多彩的珠子，HR 就是那条线，要把这些散落在各处的珠子穿起来，变成一条有价值的项链。

HR 要成为"牵线人"为业务提供价值，首先要有一颗好奇心。每个人都要有将复杂流程变简单的能力。在我看来，HR 不但要有化繁为简的能力，还要有引领变革，重新定义规则的能力，而这些能力都需要 HR 具备一颗好奇心，做一个颠覆者而不仅仅是创新者。

241
企业的HR管理者如何才能做得出彩

陆苹

上海城宇滨江置业有限公司　企业管理部总经理

　　新时代下的管理模式，有着层出不穷的新型管理问题。特立独行的"95后"，循规蹈矩的"70后""80后"形成了鲜明的对比，"HR参与到业务中去"的口号也层出不穷。这让所有HR人近几年面临新的挑战。现阶段，大部分的公司管理相对体系完善，制度严格，职责明确，但管理过程中还是经常会出现一个人说了算的情况，这时HR该怎么做呢？是坚守自己的想法做个独行侠，还是与其他人一样随波逐流，跟从领导的喜好去做管理？

　　个人建议，在逆境中保持自我是关键。在专业角度确认没问题的前提下，坚持自己的意见。术业有专攻，放你在这个职位上说明这个领域你是专业的，那么你就要发挥出你的专业性，如果随波逐流要你何用？

　　另外，不间断地更新自我专业知识储备，形成一套有利于公司发展的个人品牌管理模式，这时的你将会与众不同，不可替代。

242
HR的工作是带给组织和他人价值感的工作

Jessie Zhang

成都万达瑞华酒店　人力资源总监

站到这个点上，我们既不会成为仰视其他部门的"小跟班"，也不会成为俯视众生的"权力中枢"，而是平等的合作伙伴。

站在这个点上，我们才会精进自己的专业技术，拓展专业广度，扎实专业深度，成为既术业有专攻又博闻强识的"全科医生"。

站在这个点上，我们才能积极地了解自己，了解他人，了解组织，了解业务，汇百川成大河。

站在这个点上，我们才能在被要求情商、智商随时在线时不抱怨、不颓废，先自我帮助，自我激励，再帮助他人，影响他人。

这不是一份容易做的安稳工作。但也正是因为不容易，才能大浪淘沙出真正怀有热情的 HR 人。

243
HR是且必须是业务伙伴

乐燕敏

铁山　中国及东亚区人力资源总监

一家公司的水准如何，看它的 HR 就可以了。如果 HR 只做可操作性的、事务性的工作，那么他们也就只是行政服务人员。从很大程度上讲，他们很难招到高水准的员工，培养出一流的主管经理，塑造出高绩效的企业文化。只有 HR 参与到公司的经营讨论中，对人员的配置与晋升有话语权，作为业务伙伴帮助公司提升整体业绩，才能展现出 HR 真正的价值。而要成为合格的业务伙伴，专业的 HR 知识和实操能力是基石，对公司业务的充分了解是关键，而阅人、懂人的能力则是纽带。所以，我们需要持续学习，保持一颗好奇心。当公司高管把征询 HR 意见和建议作为一种常态的时候，我们才是业务伙伴。

244
正确地做事和做正确的事同等重要

吴开展

爱仕达集团　人力副总裁兼商学院院长

在变量的时代，人力资源从业者更需具备真正以客户为主的视野来看商业系统，看组织逻辑，看行业，看 CEO。同时，我们也需训战结合、刻意训练自己的认知和心智，借事修人，试图尽可能地去看事物更多的真相或真相的全部，找寻到认知体系升级的本质。

何谓认知体系？一是明己。自我觉察，自我认知，自我接纳，不陷入各种情绪和欲望的轮回。二是明事。明白事物背后的逻辑、真相、规律。三是明人。明白他人言行背后的动机。四是明知。研习知识、专业的本质，正确地做事。以跳跃式的能力成长去洞察商业系统，以逻辑自恰的专业能力去构建组织内核能力。组织内核能力是不确定时代下企业可持续性发展的核心壁垒及基业常青的本质，由此，HR 价值创造的时代已真正来临。

245
让新手HR脱颖而出的价值计量论

班哲

北京汽车集团产业投资有限公司　人力资源总监

人力资源的角色定位是要成为优秀的业务合作伙伴。然而，作为初入职场的新手，你的工作有可能是被安排的，也有可能是自己主动选择的，不论怎么样，你一定要思考在一定时期内，你的内核价值提升了多少？你在部门里创造了什么价值？你的工作给业务带来了什么价值？你是不是轻而易举被替代？我想，如果你一直用价值计量论来评估和激发自己，把你的价值和潜力最大化发挥出来，你将很快脱颖而出。

246
好的HR，要学会适应公司发展基本面

Hellen（郝冬艳）

四川发展新兴产业投资有限公司　人力资源部总经理

我们当下面对的是 VUCA 时代，组织对人力资源从业人员提出了越来越高的要求。人力资源从业人员不仅要钻研人才、团队、文化、系统、变革这些组织专业议题，HR 中高层及人力资源专业岗位还应花精力熟悉公司业务，切实理解公司的发展战略和运营模式、市场战略和主要产品、人力战略和团

队需求，只有这样，才能更好地服务于公司发展，提出有针对性的人力资源优化方案，进而凸显个人职业竞争力，提升发展空间。

247
标品与非标品

周欣

美中嘉和　人力资源总监

每次突破都是把非标品变成标品的过程。如果你希望得到快速的成长，则要维持内心的自我驱动力，敢于挑战未知领域。

这些没有规律可循，没有经验可借鉴的未知领域就是非标品。你发现了它，开始收集客观信息，开始不断地向比自己更聪明的人请教，并一直保持清晰的目标。最终你找到了答案，于是完成了一次专业上的小小突破，你的答案就变成了别人的标品，给了别人经验和规则。只要你坚持不懈地重复这个过程，你就可以真正地成为一个领域的专家。

248
十六字打造能文能武、"雌雄同体"的HR画像

Coco（陈可）

哥伦比亚中国医疗　中国区人力副总裁

选准赛道（Choice）：选择比努力更重要。选好趋势，选好平台，选好

目标，选好伙伴，迎风奔跑。

产品思维（Mindset）：HR所有的工具和项目要"叫好，更要叫座"——被业务和市场持续地买单。

整合资源（Resource）：这是一个"1+1>2"的时代，这是一个共创共享的时代，你最接近的5个人的平均水平决定你的深浅，资源配置会让你事半功倍。

价值导向（Value）：不要自嗨，不要自嗨，不要自嗨，HR的价值必须在业务端显性化，结果不会陪你演戏。

249
提升专业能力和业务能力，与老板共舞

Stella Li

海格电气　亚洲区前人力资源总监

人力资源管理的概念来自西方，中国企业借用了"人力资源"这个概念，不管是使用之前的六大模块还是三支柱模型，更多的还是仅发挥辅助性的作用，在做执行，做服务，而且所做之事务与公司战略未必相关。中小民营企业尤其如此，即使今天，还有很多企业没有设置专职人力资源部门，老板对于人力资源的认识更是不足的、片面的，甚至是错误的。很多老板认为，公司的人力资源就是负责做招聘、工资、社保等涉及金钱的部分都归属于财务职能。殊不知，薪晋考是一体，而招聘与公司战略目标和企业定位紧密相关，人力资源规划必须有，必须与战略相一致，而且必须走在第一步，否则企业的人力资源管理只能是"天天救火，时时打杂"，企业管理势必因此陷入恶性循环，招人难，留人更难，没有人才，老板即使是超人，企业也无法做大，甚至濒临倒闭。中国的民营企业平均3年的寿命就是最真实的现状。

250
修炼内功方能成为陪伴业务成长的伙伴

姜盈琛

药明生物　组织发展主任

随着大环境的变化，以及新商业模式和业务形态的崛起，对企业内部人力资源的要求也越来越高。人力资源已不再是传统意义上的简单执行，而是朝着更贴近企业业务价值链的方向发展。修炼内功，意味着人力资源从业者对自身的专业需要越发精通。需要了解并掌握扎实的专业方法论以及能够被落地使用的管理工具。凭借自身修炼的内功，问询、诊断和解决企业变革中组织和人员的问题，从而助力业务成长，带给企业可见的价值，在成为业务不可或缺伙伴的同时，推动自身的成长。

251
HRD必备思维

Bruce Wang

原费森尤斯·卡比、萌蒂　中国区前人力资源总监

HRD 要有以下几种必备思维。

一是企业经营思维。企业所有的问题都是业务问题，没有单纯的 HR 问题。

HR 要解决的，最终也必须是业务、企业经营问题。要站在企业经营的角度思考 HR 战略与战术，通过 HR 系统、文化建设、人才发展，解决经营问题。

二是财务运营思维。至今，人力资本仍无法精确体现在资产负债表中，但这不应该成为 HR 从业者在财务运营角度思考 HR 的障碍。只有拥有财务运营思维，才能和老板站在同一角度思考问题，HR 也才能为企业的资产负债表做出自己的贡献。

三是绩效导向。HR 的管理系统，如绩效、薪酬福利等，必须以绩效为导向，考核绩效、奖励绩效、激发绩效。

四是关系导向。HR 做的是人的工作，是有温度的工作。建立、维护广泛的良好关系，做事事半功倍，至少可以减少工作阻力。

五是拥抱变革。新技术、新理念、新业态层出不穷，需要 HR 从业者保持好奇心和开放的心态，持续学习，方能为组织持续赋能，而不是站在组织发展的反面。

六是坚守价值观。倡导、坚守正确的价值观。企业的竞争，最终是价值观的竞争。HR 应是企业价值观的代言人、倡导者、坚守者。价值观有偏差，会给企业带来不可逆的长久伤害。

252
小谈HR的"方圆"思维

毛超
览海汽车　人力资源总经理

HR 应始终以"方圆"为伴。"方"的棱角鲜明，有直有折，落地稳固，犹如 HR 工作中必须坚决恪守的原则和方向，通常会表现为企业战略、企业文化、经营目标、核心价值观、规章制度、公序良俗等，这是 HR 开展各项工作的根本和灵魂。看似纷繁复杂的工作，如若去其形态，追其根本，都会落到这个"方"字上。用"方"的思维工作，会时刻提醒我们：不能忘了目标和本分。而"圆"则无棱无角，无直无折，落地圆润，犹如HR工作中的具体表现形态，通常会表现为思维逻辑、思维转化、执行方案、沟通表达、言行举止、职业修养等。这是HR开展各项工作的"桥梁"和"抓手"。如何让HR的专业及经验成功转化、落地，这需要切实地用"圆"的思维来思考。

另外，这一"方"一"圆"又非孤立存在，"方"存于内，而"圆"覆其外。"圆"必须基于"方"，而"方"则应借助于"圆"。

253
优秀人力资源工作者的三项素质

Tracy

乐成教育　人力资源总监

一名优秀的人力资源工作者，通常需要具备以下三方面的素质。

第一，专业精通。掌握现代人力资源专业知识，通过实践不断积累和总结经验，擅观察、勤思考，能用专业的方法解决组织的实际问题。

第二，有影响力。通过专业能力、敬业精神、高尚品行等在组织内获得广泛信任和认可，有良好的人际交往和沟通能力，能团结和影响他人，有效开展工作，推动变革，把事情做成。

第三，了解组织，懂得业务。不仅懂人力资源，还关心、了解和参与业务发展，深入理解业务挑战，并以此为出发点考虑和部署人力资源工作，为业务发展出谋划策、排忧解难。

具备这样素质的人力资源工作者既是管理者的高参，也是员工的好朋友，其价值一定会被组织高度认可。

254
VUCA时代下，HR的预判能力

杨欣欣

艾高　中国区人力资源总监

职业网球手并不知道球的确切落点，但当他们知道球大概的飞行方向时，立即跑动，并在跑动的过程中，敏锐地判断对方出球的确切落点，甚至出人意料地打出一记"穿越"。人力资源工作中，会遇到很多"博弈"，无论你喜欢还是厌烦，都得"应战"。尤其在当下这个充满复杂多变和不确定的VUCA 时代，关键时刻需要人力资源从业者做出预判，从而获得主动，赢得信誉。当然，这一切的基础需要我们具备扎实的人力资源基本功，并始终保持发展的眼光和清晰的思路。

255
互联网时代的HR最需要的两点

莫凡

新意互动　人事行政总监

以往传统的 HR 由于思维或者观念的局限，在日常的工作中，最容易误入两种歧途：要么在日常琐碎事务中被埋没，沦为员工眼中与行政没有区别的存在；要么自我陶醉于制定各种高大上的规则制度和使用专业辞藻高谈阔论，最终成为业务线与员工的对立面。

我认为互联网时代的 HR，需要符合以下两点特质。

第一，不能和你聊业务的 HR 不是一个好的合伙人。HR 的本职工作应该是连接组织与人，并为双方赋能。因此，HR 不仅要了解组织，了解人，还要了解战略，了解业务。只有了解了战略，才能有足够的高度，才能与管理层站在相同的高度看问题，而不是忙着解决眼前的问题，沦为打杂工；只有了解了业务，才能接地气，讲人话，真正地起到连接组织与人，并为双方赋能的作用，而不是让两者对立，成为某一方的打手。

第二，做一个有逻辑、有温度的 HR。HR 在企业中最大的要务是组织、人才、文化。有逻辑，指的是能主动思考并厘清关系，结合足够的专业知识和技能，这样才能在工作中掌握主动权，从被业务部门追着打，变成主动出击，配合业务部门解决问题。有温度，指的是要有同理心和影响力，充分考虑和权衡，让组织和员工达成双赢。二者缺一不可，缺逻辑，则容易"心有余而力不足"；缺温度，则容易成为"企业打手"，最终失去人心。

让我们一起努力做一个懂业务、有专业、有温度的新时代 HR，为企业最大化地赋能组织和人，从而为企业创造价值，帮助员工成长！

256
也论一个HR的自我修养

Cecilia Wang
爱美津制药　高级人力资源总监

"修身、齐家、治国、平天下"一语出自《礼记·大学》，大意为：只有品性修养好后，才能管理好家庭家族；家庭家族管理好了，才能治理好国家；

治理好国家后，天下才能太平。这句话同样适用于一个优秀的 HR。只有一个品性修养好的 HR，才能管理好一个部门（齐家）；管理好一个部门，才能协助高层管理一个企业（治国）；管理好一个企业，才有机会协助更高层去管理整个集团（平天下）。

"修身"是"齐家，治国，平天下"的基础。一个优秀的 HR，除了要有 HR 的专业知识和技能（外修）外，还要必须不断地提高自己的品行和修养（内修）。外修的可见性是为企业提供了专业的 HR 工具，而内修是外修结果的运作后台。内修是一个不断完善自己、规范行为的过程。所以，HR 是一个对道德、价值观和行为等要求极高的工作，要禁得起质疑和挑战，如此，一个优秀的 HR 就养成了。

257
HR的"自我进化"

Shi Jane
欧朋　人力资源总监

HR 的"自我进化"应包括以下两个方面。

第一，专业的进化。作为 HR 不能固守所谓专业性而脱离企业现实情况而不自知。人力资源从业者在定义上是作为"专业人士"而存在的，专业是我们的立身之本，所以提升自身的专业技能很重要，但更重要的是培养自己对于业务的敏感性和理解力。不论何时，脱离业务的 HR 管理行为都是无意义的"炫技"，只有对业务有增值的专业工作才有价值。所以在追求专业的道路上我们应该牢记，再深刻的专业知识不能应用于企业实践，也是无源之水，无本之木。

第二，思维模式的进化。产品化思维，将 HR 工作的关注点回归到人——从外部客户到内部员工和管理者，基于他们的需求进行工作，并在工作中不断迭代完善。能够在规则守护者和规则破坏者间进行转换，HR工作中会面临各种各样的规则，当规则有价值、有意义的时候要坚定不移地推行和遵守，当规则成为企业发展的阻力时，也要有勇气打破并重塑它。

258
虚怀若谷，大智若愚，全力以赴

李婕
捷孚凯　亚太区人力资源副总裁

第一，勤能补拙，全力以赴。每一件事情都认真对待，不用去计较得与失，不要怕吃亏吃苦。能做到120%就不止步于80%。衡量自己的标准，不是JD上写的，甚至不只是公司领导交代的，而且是我还能不能做得更多更好。"我是不是全力以赴了？"我经常这样问自己。只要认真投入，全力以赴后，无论什么结果，都没有任何遗憾！所以家人眼中，我无论换哪个岗位都是那个最忙碌的人！我也因此感觉充实，同样的时间里自己收获成长最多！同时也能挖掘自己的潜力。经常在回首时惊喜自己居然做到了，那就是成长了！

每一步都算数！

第二，保持好奇心。持续学习，技多不压身！尤其在日新月异的今天，UVCA时代要求我们要有成长性思维，不断学习，准备实时迎接变化，甚至是引领变化！

信息爆炸的时代不一定非要课堂学习，利用碎片化学习，日积月累形成好习惯，潜移默化中点滴进步！

我的一位下属需要提高英语，说自己不是英文专业又没时间去跟雅思或者新东方学，我就分享自己每天早上洗漱和上班路上听英文、新闻和 Ted 的习惯。还有各种 App 提供各种学习和资讯，包括听书，利用碎片时间学习，没有负担，但很充实！另外，带着开放的心态向年轻人学习，他们成长在互联网时代，有很多新观点、新技能值得聆听和细心学习，好跟上后浪的步伐！

生活中也如此，我就是跟着孩子一起成长的！因为孩子痴迷滑雪，我也从克服恐高开始学习并爱上了滑雪，很享受与孩子有共同的爱好。疫情期间我开始下厨并享受烹饪的乐趣，也开始学习网球并结识了一群热爱生活的球友且收获了友谊！

第三，保持激情。积极乐观面对，不断更新自己！生活工作中难免有不如意的事情，但是态度决定一切。同样是失败或者糟糕的事情，我一直相信"任何经历都是好的经历，即便是不好的事情，你也能从中成长"。当你选择正向从容面对，积极去转化的时候，你已经离更好的结果近了一步，持续下去你会有意外的收获。

管理好自己的能量场，保有激情，尽量做到工作生活平衡好。

我一直跟团队讲"Work Hard，Play Hard"（努力工作，尽情玩乐），也是这样带头做的，努力工作但也要阶段性地放松。玩起来要尽兴，有张有弛，及时充电。希望你们也找到自己的充电桩——可能是旅行，可能是家人朋友的陪伴，可能是运动，可能是一个爱好。

不时地给自己注入活力，让自己拥有持续的幸福力和能量，做更好的自己！

259
HR "三知"

晏丽华

精进电动科技股份有限公司　人力资源总监

一知 HR 的组织价值。市场化企业的人力资源部，绝对不是传统意义上的"掌权"部门。市场化越强的组织，由行政科层制赋予的权力越弱，由能力所带来的"价值"与"影响力"是人力资源部门组织地位与话语权的决定因素。由这个价值认知作为前提，可大大减少新人工作中感到"不公"时的心理不平衡，迅速调整状态。

二知 HR 的工作重点。市场化企业人力资源的职能随业务需求和企业所处发展阶段调整，先着力于解决企业的"痛点""难点"，再进行规划，致力于出"亮点"。大部分企业不会马上配置齐全的 HR 资源，因为配置资源也是需要过程的。举个例子，公司初创期或扩张期，招聘工作可能占到人力资源 80% 的工作量，以合理的市场薪酬成本保证到岗率是人力资源工作的 KPI，有的企业融资能力不错，薪酬成本的控制不是重点，抢到行业 Top 人才并迅速上量才是重点（人招聘到岗后再慢慢劣汰）。显然，招聘政策流程的梳理与人才测评手段的建立不是该时期招聘工作的重点，岗位价值评估与薪酬体系搭建也不是着急的事。当企业发展到中型规模，这些工作是很有必要做的，为避免 HR 的能力在需要时出现短板，在做基础工作时就需要有意识地规划、学习必要的工具方法。

三知 HR 的能力进阶。首先，储备知识，练好基本功。招聘、培训、薪酬、绩效、员工关系等基础模块（注意：不含"人力资源规划"）专业知识，无论是书面的还是实践的经验，多多益善，特别是薪酬个税这样与政策性挂钩特别强的领域，"实践出真知"，不要放过任何一次学习提升的机会。其次，管理项目。无论是哪个人力资源专业模块，都可以由日常运营类常规事务性工作上升到项目，HR就是项目经理。项目通常是矩阵式管理，在决策层行政干预不足的情况下，资源匹配及项目效果完全取决于项目经理的组织能力、方案能力、管理能力。最后，文化传道，解决组织与人不协调的问题。这是人力资源管理的最高阶段。成功的企业都有非常明显的文化标志，HR是推手，运用多种专业手段推动组织文化和雇主品牌正面传播，与企业的市场、产品一起共同发力于人才市场，强强联合，良性循环。

260
HR要能够提前预判

李晓明

Norican集团　亚太区战略发展副总裁兼人力资源总监

目前，经济的发展速度越来越快，竞争越来越激烈，市场留给企业反应的时间越来越短。HR作为一个企业发展的中枢部门，必须具备对所有企业发展面临复杂情况的提前预判。只有有了这样提前的预判，才能更好地推进企业的战略执行；只有有了这样提前的预判，才能更好地梳理企业的组织架构；只有有了这样提前的预判，才能激励企业的团队，提升员工的士气，建立合理的KPI和各种制度。

而对于HR来说，想具备这些提前预判的能力，就需要了解经济形势，了解企业发展战略，了解企业文化，了解企业技术，了解企业产品，了解企业各个部门的基本情况，了解企业的员工，等等。综上所述，在现在和将来必将要求 HR 成为既具备横向跨界能力又具备纵向专业知识的复合型人才。而这类人才一定会有对于企业发展的精准预判。

261
HR的工作对象

李璐瑛

安药集团　人力资源总监

可以说，HR 的工作对象并非只是内部员工或 CEO，而是包括了整个公司层面的客户。首先，要避免 HR 将自身角色片面地定位成幕后工作者或边缘职能，尽管 HR 的工作内容更多在内部或局部体现，但最终都将转化为影响公司目标达成的重要因素之一。同时，如果 HR 把工作对象局限于公司内部的角色，就只会提供行政支持，从而弱化了 HR 的核心价值。

其次，为了确保 HR 目标、计划与行动以客户为导向，了解业务是关键前提，不了解业务的 HR 会脱离实际需求，建造务虚的空中楼阁。所以，理解公司、部门、岗位业务是 HR 的必修课。

最后，作为资深 HR 从业者，只有以经营者的视角识别问题，才能解读客户所需，实现高效而精准的价值传递。

总而言之，精准定位自身角色、明晰客户需求、懂得业务内容，理解经营者立场是专业 HR 的必要准则。

262
做更有价值的企业HR

Lily Zheng

北京FASCO　人力资源总监

　　人力资本是企业的第一生产力，当今时代，HR从业者不再是简单的人事，而是确保人力资本发挥最大价值、企业健康发展的"保健医生"。HR要了解企业业务，不能闭门造车；要有较强的合规意识和政策敏感度，学会应用政策与管理工具；要了解一些财务知识、税务知识，具备一定的数据统计、分析能力，为企业经营发展建言献策。

　　HR要关注大环境，熟悉小环境。大到知晓国家政治经济政策导向、所在行业的发展趋势、人力资源管理的态势；小到熟知所在企业性质、发展规划、业务特点、人员整体状况，做到心中有数，未雨绸缪。只有不断学习、更新理念，才能与时俱进，在职场立于不败之地。

263
新时代HR的"SMART原则"

朱晓琳

养云安缦酒店　人力资源总监

　　人力资源部门作为一个非直接创造利润的部门，是一个服务支持体系。

其给人印象是个稳定的"办事行政机构"，是个不受重视的部门，有时甚至是成为"背锅侠"和"受气小媳妇"。新时代的 HR，需要调整心态、提升能力，助力人力资源职业长期发展。

具体来说，即"SMART 原则"。其中，S（Self-Starter）表示有强烈的自我驱动力，以创业精神赋能工作；M（Management）表示管理自我、管理他人、管理任务、管理生活；A（Analysis）表示有分析和洞见能力，成为业务的助力；R（Resoluteness）表示有共情之心，更有果敢之力；T（Trend）表示不断学习进步，迎接新事物。

成就员工和企业的卓越，就是成就人力资源工作的卓越。

264
如何修炼成一名好HR

宓芳
上海晶众信息科技有限公司　人力行政副总裁

天使是帮助组织和组织中的个体建立能相互吸引、相互信任的平台，酝酿这个平台稳定运转所需的柔性和温暖的东西，是所有标准、流程、规则、制度的润滑剂，是利他原则至上的服务意识。

魔鬼是 HR 最难做到也最不愿意做的那一面，但一个组织的公平性、原则性以及竞争性都需要魔鬼的那一面，如果你最后能像阿拉丁神灯里的魔鬼一样能满足对方三个愿望，那倒是给人一希望。

钻石的光芒四射来自雕刻大师一刀一刀的切割，好的 HR 都是从现实中一个坑一个坑里历练出来的，抗压能力让你的技能更精进，而内心的平衡是面对一切诱惑还能保持通透的本源。

人力资源高级管理者就是管理人性和协同资源的杂家，在保持本心的状态下扮演好天使和魔鬼角色。好的 HR 通常都是一半天使一半魔鬼，中间一颗通透明亮的钻石心。

265
HR是整个组织的"产品中心"

车辕辕

北京筑龙　人力资源主管

我更喜欢把 HR 看作整个组织的"产品中心"。HR 很重要的一个作用是设计及交付贴合整个组织发展的"产品功能"；通过功能的不断迭代，帮助组织这个整体的产品向着适合业务发展的方向发展。

HR 不单纯是组织这个"产品"的设计者、实现者；更重要的是，HR 需要帮助我们的客户——业务部门实现他们的目标及价值。所以，"客户成功"原则贯穿于 HR 工作的始终。

HR 要以怎么打造好满足"客户"需求的"产品"为核心并开展工作，了解"客户"真正的需求是什么，他们有什么"痛点"，针对这些"痛点"，需要设计哪些贴合业务现状的"产品功能"的优化及更新；这些新的"产品功能"上线后，是不是解决了"客户"的"痛点"……不断循环试错，形成一个完整的闭环，持续更新迭代。

266
不确定时代，HR的"软硬兼备"与"复合型"

邱代彪
碧桂园集团　智能卫浴薪酬绩效负责人

不确定时代，只有具备"软硬兼备"的实力才能在新常态环境中，做一名懂经营、通财务、精数据的复合型人力资源从业者。

第一，软硬兼备。软实力是发展的翅膀，能提高逻辑思维和独立思考的能力。硬基础是立足的根本，练就自己专业基础、复盘、运营和提供价值的内力。

第二，复合型。一是懂经营。如何对抗风险和提升盈利能力是组织存在的唯一理由。帮助企业建立敏捷性、适应性和韧性更强的组织；建立认知能力、批判性思维、同理心和社交能力更优的团队。二是通财务。企业经营中，人力成本是永恒的话题。帮助企业建立高效率的机制，以财务投资视角促进人力资本增值、驱动组织持续获得竞争的能力。三是精数据。数字化和智能自动化将主宰未来职场很长一段时间；人力资源部门需要主动迈向更高自动化和人工智能的前沿，帮助组织跨越新技术与新流程结合的变革，而不仅仅是应对技术的变化。

267
对HR从业者的勉励

陈颖

爱达克　中国区人力资源总监

作为一个从业经验将近20年的人力资源工作者，真心希望以下这段文字与广大初入行者，深度入行者，或者已转行的同人共勉。

第一，知人善用。招人有眼力，留人有魅力，培养人有能力。

第二，人力资源部门要和业务部门一起完成业绩的"小步舞曲"，谁跳得太快或者太慢都会影响整个曲子的节奏。

第三，一个公司的企业文化建设，不是靠一个人、一个部门完成的，是大家一起朝一个方向努力做到的，而人力资源就是确保这个步调一致的统帅。

第四，很多人说人力资源部门是一个背锅的部门，但是我要说，背锅是一门艺术，和谐的公司气氛就是靠一些实诚的人背着锅，这样大家都有饭吃了。

268
优秀HR一定是高IQ、高EQ的人

Ashlyn

深圳市点维文化传播有限公司　人力资源负责人

很多人认为人力资源工作甚是简单，所以当自己不知道从事何种工作时，就选择做 HR。

坦白来讲，做任何一种工作都不容易，可要成为合格，特别是优秀的从业者，那么难度就更大。人力资源工作初期阶段大概容易被认为就是复制粘贴式的做好事情，可凡事做到极致就考验人的耐心和技巧。优秀的 HR 一定是高 IQ、高 EQ 的人，IQ 无法培养，但是 EQ 是真的可以经过刻意训练后提高，甚至得到质变。

每一位 HR 如果能把自己当成客户经理或者是生意人，就会知道做好事情的基础是先把人做好。所谓把人做好，就是能做到在专业知识技能之上懂得和不同的人用不同的方式沟通，而不是简单的举一反三。当你主动把自己放在生意人的角度，你就会去考虑所有事情的 ROI，显然就会用最有效的方式去解决问题，获得客户和你都想要的结果，即我们一直说的双赢。HR 不仅仅要共情，更重要的是获得双赢。

269
让自己成为一名优秀的HR经理人

孙玉

全景医学影像科技股份有限公司　人力资源总监

凤翱翔于千仞兮，非梧不栖；士伏处于一方兮，非主不依。

优秀的人才不仅追求物质生活，更将精神生活的需求放在重要的地位。人格得到尊重；工作成绩得到认可；因自我努力取得的工作成果而得到成就感；因自我努力使公司得以不断发展壮大而带来的自豪感；不断实现自我和超越自我，从而在精神上获得更大的满足和升华；等等。

要想成为一名优秀的 HR 经理人，除要精通人力资源管理六大模块的专业知识外，更要能理解公司劳资双方的人性需求，会剖析公司的发展战略，紧贴公司的经营业务，通过领导的艺术、管理的智慧、文化的传承，再有效地结合人力资源专业知识和管理工具，将个体细胞汇聚成组织，这样才能助力企业发展，同时实现自我价值！

270
在探索人性中修炼自我

张立群

传化智联　人力资源总监

人力资源工作的对象其实就两个：组织和人。如何让组织作为整体机构有效运转，如何让每个个体发挥最大潜能并实现组织和个体的双赢是人力资源从业者首先要思考的问题。

在跟老板、高层、员工打交道的过程中慢慢发现，跟人交流的过程就是探索人性的过程。每个人都是由其生长生活环境塑造的，背后都是一个家庭、一个活生生的生命。

探索人性是有艺术性的，也是有技术性的。现在很多人，沉醉于数字化的便利，丢失了思想的深度和慎重度。碰到问题多问几个为什么，深度思考，方有收获。

探索人性，也是"照镜子"的过程。虽然过程中会被善良、美丽、爱心、奉献所感动，但也会对邪恶、丑陋、自私、贪婪而感到失望。经历这一切后，自己依然选择善良、爱心、奉献，因为这本身是一种美德，能让人真切体会到满足感和幸福感。

271
转换视角，升级认知

张欣

触宝科技　人力资源副总裁

站位影响视角，认知决定格局。HR 的价值差距，一部分也是认知的差距。无论是 HR 的哪个角色，要想让自己的工作受到认可，就要提升自我价值，不断转换自我视角，实现认知升级。

一个优秀的 HR 一定要懂业务，怎么做到真正的"懂"？ HR 视角的切换就非常重要。

一方面，从内浸入"懂业务"。从业务视角出发，用业务语言对话，不自嗨，不刷存在感，懂你的业务负责人，建立信任。更为重要的是，要站在业务的角度，急业务之所急，忧业务之所忧，以终（业务战略目标达成）为始（人力资源解决方案）展开合作。

另一方面，从外向内"懂业务"。跳出业务视角，发现业务视角的管理"盲点"，剖析问题并提供解决方案。更为难得的是，能够跳出企业向外看，主动了解行业特质和优秀实践，深度思考、打磨内化为公司可用，这样的HR 人才价值会更高。

272
HRD的生存法则

杨丽娟

羿尊生物　人力资源总监

HRD 面对的人和事是非常复杂的，经常听到很多 HRD 抱怨自己的工作难做，我个人觉得 HRD 只是个职业身份而已，不同企业对这个职业定位是不同的。我们能做到的是始终保持积极向上的心态，在所处的企业环境中保持一个客观公立的态度，尽可能地为所在公司、业务部门、员工带来专业的建议，不卑不亢，不急不躁。我们始终保持自身的学习力，多读书、多交流、多学习，拓展自己的知识面，积累自己的人脉，随时准备应对未来的挑战。

273
优秀HR的必备素质与要求

岳永东

长春净月凯悦嘉轩酒店、长春明宇豪雅饭店　总经理

一个优秀 HR 的必备素质包括紧紧围绕企业业务需求，构建与其一致的组织架构；建设与其同步的人才渠道；打造与其匹配的能力基准；培养与其对应的核心人才；实施与其合拍的管理措施。

一个卓越 HR 的必备要求则是建立企业的 DNA，聚焦企业文化建设。这需要我们读懂企业的战略，参与提炼共创使命、愿景，凝心聚力传递核心价值，以身作则遵守行为规范。企业 DNA 建设过程中 HR 价值体现的关键是，我们发自内心相信，我们孜孜不断地更新，我们持之以恒地践行。

274
卓越HR的三个关键词：专业、平衡、人性

Mizzle Zhang

某品牌　人力资源总监

一名卓越的 HR，在我看来，至少有以下三个特点。

一是专业。专业永远是优秀 HR 的底色，我们需要根据业务不同的发展阶段，提出相应的解决方案，如小到员工关系的具体案例处理大到组织变革时的支持甚至是引领方案。无论何时，专业都是一个优秀 HR 的基本要求。

二是平衡。作为 HR，我们一定要平衡好员工和企业之间的利益。我常常认为，一名优秀的 HR 一定是会很好地处理企业与员工之间的利益关系，帮助企业和员工达成共赢，成为企业利益维护者的同时，也能成为员工可以信任的贴心人。

三是人性。HR 处理的基本都是和"人"相关的事务，因此，通人性应该是成熟 HR 的一个标志。我们在帮助公司管理层制定决策时，作为 HR，你自己秉承的是"性本善"还是"性本恶"，你的业务伙伴对人性的理解又是怎么样的，你们之间如何达成共识？这都会影响整个组织的发展，在这个组织中"人"的定位，以及组织氛围。

最后祝大家在成为卓越 HR 的道路上修行顺利！

275
提高对企业"洞察力"的"敏感性"

黄昌利

上海千足文化传播有限公司　人力资源总监

无论任何阶段的 HR，都要时刻培养将熟悉的事物陌生化的能力，句号变问号的能力，时刻提高 HR 对企业"洞察力"的"敏感性"。

你仅需要循序渐进做好如下四点：一是阅读。各类书籍包括科学、历史、自然、经济、法律、供应链等。二是听闻。接触各行业人士，提高社会洞察力。三是观察。学会捕捉关键事件，强化记忆事物各要素。四是思考。学会提炼事件关键点，并提出关键问题，尝试寻找答案。

企业除了自上而下管理，亦需要我们每个个体自下而上地相互作用，如此才能更有效地推动企业的发展与创新。

276
HR"由外而内"的价值创造

郭红

前汉高集团　大中华前人力资源总监、亚太区汽车业务前总经理

我曾经从业务转型去 HR，然后又回归业务。人们经常问我如何从业务

的视角看待 HR。为此我总结了一个 HR"由外而内"的价值创造的蜂巢能力模型。其中第三个能力是我最喜欢的：价值创造力和价值沟通的能力。

"价值"是由接受者定义的，不是由提供者定义的；HR 需要站在公司业务的角度创造价值。HR 的价值定位也应该是具备战略力和业务力的。

怎么做？首先从业务的角度，HR 能够创造的价值不是节省了多少人力成本，而是帮助企业更好地赢得市场和客户。

对于没有业务背景的 HR 伙伴，怎样可以更直接地获得业务视角，办法有很多。例如，轮岗、项目、客户拜访、深度参与业务活动和管理等。

沟通价值的能力是价值创造能力的一部分，没有沟通就没有可见的价值。站在战略高度沟通，故事从 WHY 开始说。

277
HR：技术与艺术相融合的工种

武蓉

热云数据　人力资源副总裁

在我看来，HR 是个技术与艺术相融合的工种，尤其是成为人力"一把手"时，其人力角色定位更趋向于具备综合管理技能与强烈人格魅力的职场 IP。熟练地运用各种工具、方法将人力资源各模块的工作有机结合起来并高效运转，需要很强的理论基础与技术功底。而落地过程往往需要高超的创造力、敏锐的洞察力、人性的领悟力，同时将这些能力用语言艺术实现沟通，真正能够与产研团队、营销团队、市场商务团队、大后端支撑团队的领导对话，完美实现与战略结合，推动业务发展，提升人效，成为组织中的"万能小伙伴"。

278
HR与老板的"博弈"

武蓉

热云数据　人力资源副总裁

经常会听到HR同行说"老板不重视人力资源""建议了，但是老板不听""人力总是最后一个知道的，没地位"……确实，HR的生存现状大多如此，但我想说的是也不尽然。这里只说HR与老板的"博弈"这一个点。

HR需要明白，在公司战略达成的道路上，HR与老板是相互成就的关系，一味将自己定位在支撑部门，只做好事务性工作，那就把自己给做低了。应该根据公司不同的发展阶段，以实现事务性工作为基石，赋能公司业务发展为进取点，常与老板沟通，勇于表达自己的观点，同时善于聆听老板的建议，自己融会贯通，从而适应公司的发展节奏！

279
不谋全局者，不足谋一域

Leo Zhang

天弘科技　中国区人力资源总监

人力资源通常被定位为支持性辅助部门，日常工作以执行公司的政策流程为主。久而久之，容易产生工作方式官僚化的倾向。业务部门常常抱怨政策过时、流程冗长、效率低下。究其原因，无非是 HR 脱离业务，缺乏战略思维，不了解现实中的"痛点"……缺乏大局观，导致很多抱残守缺的僵化管理，丧失了规范性与灵活度之间的平衡。

因此，只有在深入理解企业商业模式和经营战略的前提下，从组织发展与人员能力绩效匹配的角度设计解决方案，才能避免部门本位主义，不做既有政策流程的"工具人"。

280
HR角色就是企业中的修行者

Tinnie Chou

德凯宜特（昆山）检测有限公司　大陆区人力资源总监

身为 HR 一员要有一个很好的体认：你每天面对的是形形色色的内外部顾客，每个人都有他的想法和原则，所以，最好的通则就是把自己不断地置身于"三修"境地。

一是修心。培养自己正向积极的心态，这样对我们的内外部顾客的声音和解决方案会顺利地产生；反之，用消极、抗拒沟通的互动，只会让内部同人觉得 HR 只是一个发薪水的工具，而非可以第一线的智囊。

二是修智。对外在事物常保好奇心、上进心，我们和智能机器人最大的不同就是我们有自由意志、会思考，而这样的能力就是要从好奇心开始着手，专业 HR 是懂技术、懂生产流程和营销方法的。

三是修身。拥有一个健康的身心体魄才有机会将自己职涯生活走到极致，甚至创造属于自己的美好人生之基础。因此，即使在工作过程中也不应放弃锻炼身体和时时关心自己情绪起伏的频率与缘由，这样才能为自身和企业带来最大效益。

281
关于HR的"三定位"的思考

Sunny
尚科宁家　亚太区人力发展与文化总监

一是专业度。虽然HR职位本身的门槛并非苛刻，但对其专业技能的要求却随着职级而逐渐提高。HR的角色应该与古代"军师"无异，是智慧智囊，运筹帷幄。和医生、律师等职业相似，HR的工作也终将因为其领域的专业度而具备岗位价值度和认可度。一句话就是——专业问题解决者。

二是正义感。如果HR没有正义感，公司的组织文化将无从谈起，甚至名存实亡。因为HR作为核心管理者之一，其本身的管理理念、思想意识和行为实践将直接代表着公司的意志和行为，传递着公司的文化和价值观。在具体处理员工关系，尤其涉及不同部门和利益冲突的时候，这种正义感便体现得淋漓尽致。如何做到相对的公正、公平，提供给员工一个有安全感和舒适度的心理生态环境，是对HR的一种挑战，也是一种基本诉求。

三是创造性。企业管理和人力资源管理的很多理论和理念，在经历了百年的实践后，不停地被重塑、架构和变革。只有具备创造性思维，并根据商业环境、社会环境、国际局势、科技发展等因素综合考量，才能跟随甚至引领发展与变革，不是墨守成规，亦步亦趋。对人力资源的要求则是在涉及的每一项政策、制度和流程制定和实施过程中，把握好"战略"与"战术"的关系，用"创新性"和"创造性"思维有的放矢地实现人力资源的双重作用。

282
优秀人力资源管理者的三要素：心态、眼光、能力

孙璐璐

南都物业服务集团股份有限公司 人力资源总监

第一，激情阳光的心态。人力资源是组织里的润滑剂，是组织里解决问题的"知心大姐"，任何一次跟员工的交流聚会，都是传播正能量、传播企业文化的机会，要知道什么事对文化杀伤力很强，对组织文化要有高度责任。只有敬业的员工，才能提供满意的服务。怎样减小员工的工作强度和难度是所有管理层要思考的问题，除了机制和流程，人力资源更要考虑的是如何营造让员工发自内心地对完成服务感到快乐的组织文化，这样才能提供满意＋惊喜的服务，客户才会满意。

第二，链接战略的眼光。人力资源要有终身学习的意识，要看得到行业的发展与变化，看得到公司战略方向的调整，看得到业务阶段性重点的调整，也就是要有快速的应变能力，要快速用专业的眼光去结合业务。有时候组织在不同的阶段对同样岗位的要求是不同的，如果我们人力资源固化了用人的标准就跟不上组织变化，更无法对业务做出支撑。要能对组织的快速发展及时布置战局。

第三，牵引业务的能力。人力资源要有结果导向，对业务结果导向是有强烈追求的，自己定位要清晰，要知道组织想要什么，阶段性的目标导向是什么，我们要去哪里，是要找到合适的指挥官，还是找到一帮有狼性的团

队？一旦定位出了问题，能力出了问题，是打不赢这场战斗的，甚至要提前与业务部门配合，参与运营会议。要知道别人怎么干，谁可以干，需要多少人干，并且对这些问题都能提前做好准备，做业务的牵引者，而不仅仅是支援者。

第十三章

HR的职业发展管理

283
HR工作准则

张丹霞

玛俪琳（深圳）时尚服饰有限公司　人力资源总监

工作中需要践行的准则如下。

第一，以终为始，把"解决问题"作为工作的终点。所有工作的终点，不是我做了什么，我履行了什么岗位职责，而是我是否把当前的问题解决了，把障碍扫除了，这才是真正意义上的"履行了职责""完成了任务"。

第二，任何一项工作，永远要独立思考。职业发展生涯想要走得更快、更远，秘诀就是保持独立思考，敢于挑战权威；日日自新，持续积淀。

第三，持续学习与成长，成为专业领航人。你的个人成长速度要快于公司成长速度；是你牵引公司业务发展，而不是公司业务拉着你跑，只有这样，才能保持持续的竞争力。

第四，保持开放的心态，拥抱每一个变化。对于每一次挑战和困难，要看到"这是一次我实现成长蜕变的锻炼机会"，积极迎战；战胜之后，你将又一次积累与众不同的竞争力。

284
HR要善于化弊为利

鲁屹

欣融国际控股集团　人力资源总监

　　HR生涯之路，由于诸多因素，不可避免地会遇到许多棘手的问题。见过不少HR由于面临裁员、降薪等困境，倍感压力而选择离职。既然这是每个HR宿命中要经历的"度劫"，HR就应在实践中学习化弊为利。

　　这意味着即使从坏事中也能获利，或是将坏事变成好事。比如，在2020年的新冠肺炎疫情期间，很多公司不能进行外部培训或迫于经营压力而大幅削减员工培训费用，这就是坏事。但当你因此建立了自己的内部培训师机制，鼓励员工站上讲台时，你才突然发现高手就在我们身边。当这种由员工进行量身定做的培训取得一致好评时，你就成功地做到了将坏事变成好事！

　　古语说"好事尽从难处得"，每次挑战都伴随新的机遇，而当你学会如何化弊为利时，你的工作问题也就迎刃而解了。

285
HR的工作心得分享

Mary

有你咨询　HR专家

想一想，10年后的你会是怎样的？

你愿意10年后的自己依旧如今天一样忙碌在招聘一线，处理烦琐的行政事务，像消防队员一样奔赴救火现场吗？

你期望10年后的自己作为一名公司高管站在老板的身边，参与到公司的战略规划、业务蓝图讨论，利用大数据为公司未来的整体规划和人力资源规划提供有说服力的数据依据吗？

你渴望10年后的自己成为一名优秀的人力资源专家，拥有将人力资源从"成本"到"资源"到转化为"资本"的能力，将公司人力资源变成持续增值的资本吗？

想一想，10年后，你愿意成为哪一种人？做好自己未来的定位，先给自己规划好职业路径和职业发展通道，对自己的岗位进行分析并梳理出能力要求：10年后的能力素质要求、未来5年的能力素质要求、未来2年的能力素质要求、现在具备的能力素质。有了清晰的能力素质要求，你才知道在每个阶段应该做什么，需要学习的专业知识和训练的业务技能，思维的创新、行业的敏感、大数据的分析等逐步修炼成以公司战略管理为核心的"员工事务专家""业务经营专家""变革推动者""企业文化践行者"。

现实中，很多企业的人力资源是"运营成本"而非"资本"，当你每天在思索如何计算考勤、如何定KPI、如何处罚偷懒的员工、如何谈辞退员工时，不如停下来好好思考如何聚焦客户（内部员工）导向、业务伙伴，达成价值创造的共同目标。

未来未来，任重道远，这条路虽然很长，但当你目标清晰时，定好计划、坚持去做、适时调整，你就会成为你想要成为的那个 HR 专家。

286
如何在10年内被他人叫HR

孟鑫

重庆星创医药有限公司　人力行政副总

你是否下定决心，在 10 年的时间里，被他人叫作 HR？以下四点可以帮到你。

一是定位。先想明白自己为什么要做 HR。HR 是站在各个业务线背后的角色。这个角色要有一种帮助他人，助人成功，而自己要承受压力、忽视误解的状态。

二是专业。专业即规则，包括标准和程序。无论是六大模块，还是三支柱，还是什么其他分类，都是一种不同时代的人对同一事情的分类而已。

三是进阶。理解战略、理解财务、理解业务、理解人性。最基本的是能和老板谈谈现金流和利润。

四是保持一颗正直的心。拥有同理心，学会理解老板、部门老大，更要学会理解员工。以第三方的角色，用沟通协助他们打破心理上的焦虑，再用科技协助他们打破生理上的"瓶颈"。

287
HR需要一直在路上

武蓉

热云数据 人力资源副总裁

科技在不断进步、行业在不断更新,职场状态和组织关系也随之斗转星移,因此,HR 的职业技能也需要不断地迭代。在夯实传统人力资源理论的基础上,需要根据公司的战略要求、业务目标去设计专属的人力资源体系;借鉴他人成功经验的同时,也要结合企业自身情况进行加工,使体系能够匹配公司的战略格局、组织形态以及业务发展速度。创新、创造力是 HR 的利刃,跨专业知识储备和应用是 HR 制胜的法宝。

288
HR良性的、可持续发展的基础

王静静

合兴控股集团、吉野家+DQ品牌   CHO

从企业的业务逻辑、发展阶段以及资源匹配的角度构建人力资源体系,配套组织、人才框架,是良性的、可持续发展的 HR 基础。

对于企业的发展,HR 要站在更前、更高的角度去看待和思考问题。不必完全扎入每条线的业务，术业有专攻，交给专职的人去做，但一定要具备诊断和修正的能力和方法论。

如何构建这种能力？

除了经验的获取之外，还有很多途径，比如行业资讯可以帮助我们了解大势，竞品分析可以帮我们梳理基本业务和组织框架，人才角度也是 HR 获取信息的老渠道。

保持长久的学习和思考能力，不仅于 HR，于各行各业都是最重要的要求之一。

289
从HR新人到可持续赋能企业的全能选手

周琪

素然服饰（ZUCZUG）　人力资源总监

对于未来想走综合发展道路的 HR 小伙伴，请珍惜甚至创造机会，在开始的几年里多接触 HR 各个模块的实操工作，因为认知决定专业判断。

对于想进一步成为能推进业务的全能型 HR 来说，要创造机会去了解业务甚至参与业务，因为认知影响决策。

对于想成为一个可持续赋能企业的 HR 来说，要理解并认同创始人赋予企业的价值观和愿景，成为践行者，继而寻觅和孵化文化适配度高的人才。

我本着"德才兼备，以德为先"的人才理念。

290
集团化人力资源管理及自我成长的修炼

苏欣
中科致知国际教育集团　人力资源总监

集团化人力资源管控应着眼于企业战略要求，业务单元战略要求，法人结构和业务结构的方向，对资本运作、风险隔离、税务筹划、全面预算、管控模式、管控领域及管控深度进行定位，从而确定核心职能和组织架构；基于搭建起来的管控体系和持续优化的管控核心流程来承载集团化人力资源管控的蓝图，从而确定实践理论可指引，实践方案可落地；以终为始地服务于企业战略和干好与经营相关的每一件事，会使理论落地，也会得到企业持续健康盈利；HR服务好每名员工，关注工作成果，聚焦工作效率，成长并帮助他人成长，旨在引领行业标准。

当然，工作不是一帆风顺的，也会有批评，要认清批评的本质是"有期待"，接受批评就是要对得起"期待"！遇到问题时去思考：要问自己修炼的内心是不是足够强大，有没有站在万米高空看当下？还要看是不是用革命的理想主义、现实主义、浪漫主义去演绎工作中演员到导演的角色进化！也要画好业务的战略地图、人才战略地图；更要做出企业及行业认可的业绩；更要走好自己持续学习价值迭代的职业路，经过个人成长蜕变的路径，最终实现让工作高效，让管理简单，让文化传承，让生活开心，让家庭幸福！

291
VUCA时代下，HR的前瞻性

张卫东

广州大家乐食品有限公司　中国区人力资源总监

当今 VUCA 时代下的商业环境变得更加复杂动荡。现代 HR 只有更贴近市场，深谙业务需求，快速、有效地协同各部门配套人力资源解决方案，才能在企业内部实现价值与赢得尊重。

当前 HR 的前瞻性是建立在业务敏锐性与丰富专业知识基础上的。HR 必须在外部及内部结合自身的专业知识与经验，建立共赢合作平台，共享资源，最终解决业务难题。同时，建立良性的运作系统，持续地将 HR 各职能的成功案例系统地在企业内部各业务环节中体现，在企业内部营造一种完整人才的招、育、留、用的良性发展氛围，从而实现业务持续增长。

292
HR从业人员的发展路径

刘莹辰

科酷恩教育　联合创始人

人力资源从业者的发展常见有四种维度：高度、深度、宽度和温度。

所谓高度，从职业生涯的高度而言，HR 的发展主要是从管理职能角度定义的职业发展的高度，即从助理、专员、主管到经理、总监等。

所谓深度，是指专业水平的精深程度，是侧重某个领域的专才。HR 专才的职业生涯主要在人力资源单个职能领域发展，如招聘、薪酬福利、培训发展、政策法规等专业模块。任何一个模块从操作到专家都要经历一个由浅入深的过程。

所谓宽度，对于 HR 而言，职业的宽度不仅是多种角色的转换，而且 HR 工作不拘泥于行业限制和职场内外。可以成为外部的咨询顾问或自由职业者、创业做 HR 服务外包业务，还有近年来比较热门的自媒体，等等。

所谓"温度"，是职业的认同感和幸福感。HR 是与人打交道的工作，在很多人看来可能是份持续给人新鲜感而不会让人厌倦的职业。而 HR 们也在年复一年的积累中提升自身的职业温度，并将这份温度传递给与之相处的同事。

293
人力资源从业者的三个阶段

赵欣

东软睿驰　人力资源总监

作为人力资源从业者，特别是在企业中做 HR，均需要经历三个阶段。在这三个阶段，HR 需要具备不同的能力，适应不同的角色，为组织贡献不同的价值。

第一阶段是初入阶段。从涉入 HR 领域开始的 1~3 年，作为 HR 的初入者必须要有快速的学习能力，了解和熟悉公司业务，做好基本的人力资源知识和技能的积累，为组织提供人力资源的基础服务。这个阶段最重要的两个词是"学习"和"积累"。

第二阶段是 BP 阶段。在经历了几年的人力资源知识技能的学习和积累并对公司业务进一步地掌握和洞悉后，HR 则需要具备发现问题、分析问题和解决问题的能力。从业务发展策略出发，分析业务与人力资源的匹配度，通过人力资源的工具和方法帮助业务解决人员、人员技能、人员效率等问题，快速提升业务价值，成为业务信赖和依靠的伙伴。这个阶段最重要的两个词是"业务"和"伙伴"。

第三阶段是顾问阶段。当 HR 从业者越来越深入地与业务融合后，则需要从行业发展、公司战略的角度俯视业务，这阶段 HR 需要具备创新、规划和咨询的能力。凭借 HR 对商用模式敏锐的直觉，对先进管理理念快速的掌握，通过组织发展、领导力提升等方式，使公司战略、业务策略和组织目标高度融合；通过组织赋能，人员赋能，使团队敏捷快速，高效工作。这个阶段最重要的两个词是"规划"和"赋能"。

294
HR的转型之"痛"

糜青

万位数字　副总裁

遇到过很多的 HR，初聊时往往是意气风发，但言谈到深处都无不对自身的职业生涯充满着担忧，尤其是 35 岁以上的 HR，即使他做到了 HRD 的位置依然如此。很多人内心渴望转型却不知该往哪里转，结果只能违心地在 HR 这条路上继续前行，转型之艰难，似乎难于上青天。

结合 HR 的特性，我认为以下是 HR 转型成功概率较高的三个方向。

一是跳出 HR 专业成为业务伙伴（BP），从而切换到业务领域，通过减少人力资源专业的羁绊而发力业务短板，从而实现自身职业的转型。在我周边确实遇到过不少HRBP向市场端、经营端成功转型的案例，而且一部分人凭借管理上的优势做得相当不错，显然这是一条不错的职业路径。

二是向乙方（如管理咨询业）转型，基于对不同类型企业所遇到问题的诊断以及解决方案的提供，深耕某些行业领域的解决方案，在短时间内获得解决企业管理"痛点"的举措，从而择机重返甲方并进入高层或成为企业合伙人。很多管理咨询机构出来的项目经理、咨询总监都流向了这两个方向。

三是嫁接人脉资源进行合伙创业，起步通常是轻资产模式，形式上是整合行业资源建平台，通过俱乐部等形式独创小众品牌，在"混圈子"的过程中寻找机会。目前市场中有相当一批人每天致力于"勾搭"人脉资源，其目的是整合资源，从中为需求企业或个人提供赋能服务。当然，对于一些专业技能单一、长期在个别模块中沉淀的HR来说，确实是要提前对自己的职业生涯引起重视，否则转型之路可能会更加艰难。

295
三点发力，做一个好的HRD

陈小勇
泰科源　人力资源总监

在一个企业里，只有每个人证明自己存在的价值，展示自己的能力和贡献，才能很好地存活下去。HRD也一样，作为管理人力的最高负责人，也需要证明自己存在的价值。

我认为一个好的HRD，需要在以下三个方面发力。

第一，核心是在体系建设和优化上要有战略格局，基于未来看现在，需要有洞察力和战略思维能力，和公司高层有良好的互动，进行体系化的构建和落地，管理因为体系而变得有序，人力资源管理体系的搭建至关重要，是上层建筑。

第二，人力体系建设的目的是不断会聚优秀的人才，优胜劣汰，选拔出优秀人才和干部，从而促进企业更好地发展。因此，围绕着人才的"选、用、育、留、管"非常关键，尤其是评价，人力的很多问题都是评价不合理造成的，要设计好绩效评价机制，部门和个人怎么评价，指标怎么设置，怎么衡量，节奏如何把握，如何不产生大量内耗。

第三，优秀人才的保留，一定要有竞争力的激励分配机制。激励是企业人力最复杂的模块，HRD需要花大量的精力在激励设计和优化中，表面看上去只是分钱，其实更多的是企业对未来的思考和布局，也牵扯到了很多人性的内容。

有卓越追求的企业，人力资源的水平都不会太低，都是对人力资源高度重视的，都是极其尊重人才和重视人才发展的。而人力资源水平要想不断提升，把人才为企业所用，需要HRD带领HR团队不断地追求精进和实践。

296
HRM与HRD的区别

Kelly Zhang
珀金斯伊士曼　人力资源总监

作为HR从业人员，经常有人问我，从人力资源经理如何提升到人力资源总监，或者说这两者的最大区别是什么，简单来说，是两者级别不同，但深层来说，人力资源经理负责部门日常工作，事情是要亲力亲为的，经理一般直接与员工打交道，需要熟悉各个板块，负责实施政策和程序。但人力资源总监的工作更多的是理论性的，要参与公司最高管理层的整体运作，以确保最佳的政策和程序能够生效。或者要找出原因导致现行政策没有发挥应有的作用，总监要对本行业更了解，要有前瞻性，要给管理层提供有价值的建议。

297
HR要做企业变革的中坚力量

孙源青
华泰证券　人力资源副总监

年轻的 HR 伙伴们，我们正处在一个动荡的时代，信息技术的大爆炸与外部市场环境的多变既给我们带来了各种成长契机，也带来了前所未有的挑战。深处变革旋涡的杰出企业，在革新与突破的同时，也在谱写未来管理实践的最佳案例。各位年轻的 HR 伙伴们，有幸可以一同目睹、经历甚至创造这场变革。

企业的变革中，HR 不容置疑充当着最中坚的力量之一，我们对战略与文化的理解、对组织发展认知的高度与格局，将影响着企业未来的走向与发展的步伐。

优秀的人力资源从业者需要站在战略的层面，以全局意识去规划人力资源发展，并以 HR 全板块的整体视角系统地去思考。既快速响应业务的需求，又站在独立的第三方角度理智地给出专业意见与支持。

优秀的人力资源从业者扮演着公司文化的传播者与推动者，需要具备正直的品行、对多元性的包容与无我的追求，如此才可以担当好企业价值观的践行者。

优秀的人力资源从业者，是谦卑、敬畏、利他且具同理心的，并以终身学习的姿态不断前行。

加油，优秀的人力资源从业者！

298
互联网时代人力资源从业者的新挑战

骆威

厦门合兴包装印刷股份有限公司　人力资源总监助理

互联网时代诞生了新的公司、新的产品以及新的业务模式；同样，人力资源从业者也面临新的挑战，新的人力资源管理理念和工具乃至带着新思路的同事和候选人。如何在新时代的环境下，赋予人力资源工作新的价值，甚至发挥更大的作用，是每个致力于人力资源领域长期发展的同人需要思考的问题。

一个专业的人力资源从业者与真正对企业有价值的人力资源部门，需要适应不断变化的环境提升自身的核心竞争力，所谓核心竞争力，即人无我有、人有我优、人优我特。

要提升人力资源工作的核心竞争力，就需要在人力资源领域促进各模块技能的提升和优化，归纳总结新经验，接受和应用新理念、新工具，实现从优秀到卓越的质变升华。

299
DHR：数字化时代HR涅槃重生的新答案

汪玲玲

皮尔博格汽车零部件（昆山）有限公司　人力资源总监

随着人工智能、区块链、云技术、数字化技术在人力资源的应用和发展，HR管理领域发生着巨变。在可以预见的未来，事务性、重复性、低价值的HR将大量地被新科技取代。如果不想惨遭淘汰，就必须快速转型为DHR（数字化HR）。

那么，如何快速转型为DHR呢？这需要进行三方面的迭代：脑力、心力和手力。

脑力决定了转型的方向，通过建构数据思维和用户思维，解决思维迭代问题；心力决定了转型的土壤，通过解密数字化转型的文化密码，解决企业拥抱数字化的问题；手力决定了转型的效能，通过数字化工具解决效能问题。

未来未来，如果你还是那个心中有火，眼中有光的HR，必须借势于数字化浪潮，转型为DHR，通过算法+决策，用数字化赋能HR，助力企业腾飞，实现自我涅槃。

300
HR的未来

Elaine Xu
北极星　亚洲人力资源总监

　　多年前有幸听了一场关于量子物理学和领导力之间关系的演讲，是由时任 GE 大学的谭亮老师分享的。那场演讲简直颠覆了我对管理学的局限性想象，令我从此经常用科学的眼光来看企业经营和管理学。但所有学科和学术，都是物质存在的，而掌握其的人类，是感性存在的。物质是按一定规律发生着改变，而人性则千变万化。因此，我对所从事的 HR 职业永远充满着激情和热爱，因为这是一份关注人的工作。

　　我思考着，按照达尔文的进化论，人类对生存环境的敏锐感知会帮助我们学习生存。比如，未来会有很长一段时间人类的出行应该是受限的，要戴口罩的，要自愿分享手机定位，并学会如何隔离着工作的。疫情的暴发使得我们的很多习惯和行为也瞬间发生了改变。那么，后疫情时代，值得我们探索的管理问题是什么？

　　首先，我们必须承认，人类对环境的敏锐度使得我们生存和进化。为了生存，我们必须拥有敏捷的能力，以及调整适应外界的能力。因此 2020 年的新冠肺炎疫情，让很多企业快速调整了办公环境和办公时间的灵活性，以适应企业的业务需求。电商和直播代替了接触式消费的习惯而呈井喷式增长，由此带动的另一个火热的行业是快递业。甚至，大城市的蓝领工人资源一度因购物节日的到来而出现严重紧缺。

　　面对这样的环境改变，未来的团队管理和 HR 管理会何去何从呢？陈春花女士在她 2020 年出版的新书《危机自救》中提到认知提升，她说，我们之所以困惑，是因为危机的冲击太大，危机下的环境太复杂并令人不安，看不清现状，无法预知未来。但我们需要一场认知升级，学会与不确定共处，坚定自我发展的信心，进化应对而非预测判断，学会自我调适的心态……最后她给人们最大的信念是：不确定的是环境，确定的是自己。

而 HR 就是要陪伴着企业主、领导层、管理层和全体员工共同度过这个灰暗时刻。做传声筒，做指明灯，做迷雾中人们紧抓的绳索，做人们心中那块靠谱的磐石。不只 HR，所有的企业领导者都要手拉手，让员工在不确定的环境中听到、看到、触摸到企业的方向和目标。

我们总说人工智能、技术更新，但机器人会不会学会人类的思维呢？听说思维也是有七个层次的，每一个层次都是螺旋式迭代上升的。HR 也好，管理者也好，都可以在学习如何发展全脑思维、创新思维的过程中，快速迭代自己的思维模式，以达到适应外界需求。这就要求企业的组织性更强，团队力更卓越，执行力更高效。在不确定的市场环境中，摸着石头过河，高效内部沟通、快速调整和迭代。而这样的成长速度，相信人工智能也需要很长的计算和升级时间吧。

未来，我们可能见证智能化城市和社区的数字化升级，也将拥抱大数据和 AI 时代。但从人性来讲，利他主义的再次提升，会让人类的生存能力提高。只有把私人利益放下，将群体利益置于自我利益之前的社会和群体，才能更好地获得资源和发展。这也是大环境再次教会我们人类共存的道理。